高等学校碳中和城市与低碳建筑设计系列教材
高等学校土建类专业课程教材与教学资源专家委员会规划教材

丛书主编　刘加平

低碳增汇景观规划设计

Low-Carbon Landscape Planning and Design

郑曦　主编

中国建筑工业出版社

图书在版编目（CIP）数据

低碳增汇景观规划设计 = Low-Carbon Landscape Planning and Design / 郑曦主编. -- 北京：中国建筑工业出版社，2024.12. --（高等学校碳中和城市与低碳建筑设计系列教材 / 刘加平主编）（高等学校土建类专业课程教材与教学资源专家委员会规划教材）. -- ISBN 978-7-112-30749-4

Ⅰ. TU986.2

中国国家版本馆CIP数据核字第2024KD8969号

该教材服务于国家"碳中和"战略，立足城乡景观"增汇、降碳和减排"转型目标，从低碳和增汇的视角讨论景观规划设计所涉及的全尺度空间特征、全生命周期阶段和全类型物质要素，促进城乡景观植被的多尺度碳增汇、全流程碳减排和多尺度间接减排。主要内容包括低碳增汇景观导论、低碳增汇景观的规划设计原理、低碳增汇景观现状评价、低碳增汇景观规划设计、低碳增汇植物景观规划设计、低碳增汇景观运营维护、低碳增汇景观生命周期碳足迹优化7个章节。总体注重各尺度、环节和要素在"增汇、降碳和减排"方面的过程机制、优良技术方法和综合实施框架。结合理论教学、知识拓展和综合实践培养具有低碳思维，知识体系全面、掌握前沿技术，服务于城乡景观低碳规划、设计、建造、管理的专项人才。

本教材主要针对风景园林等相关专业的本科生和硕士研究生设计，同时也适合所有对低碳增汇景观规划设计感兴趣的学者和专业人士。该教材旨在提供关于低碳增汇景观规划设计的系统知识，适用于希望深入理解并应用该领域知识的学习者。

为了更好地支持相应课程的教学，我们向采用本书作为教材的教师提供课件，有需要者可与出版社联系。
建工书院：https://edu.cabplink.com
邮箱：jckj@cabp.com.cn 电话：（010）58337285

策　　划：陈　桦　柏铭泽
责任编辑：杨　琪　陈　桦
责任校对：赵　菲

高等学校碳中和城市与低碳建筑设计系列教材
高等学校土建类专业课程教材与教学资源专家委员会规划教材
丛书主编　刘加平

低碳增汇景观规划设计
Low-Carbon Landscape Planning and Design
郑曦　主编

*

中国建筑工业出版社出版、发行（北京海淀三里河路9号）
各地新华书店、建筑书店经销
北京锋尚制版有限公司制版
北京中科印刷有限公司印刷

*

开本：787毫米×1092毫米　1/16　印张：9½　字数：178千字
2024年12月第一版　　2024年12月第一次印刷
定价：**49.00**元（赠教师课件）
ISBN 978-7-112-30749-4
　　（44495）

《高等学校碳中和城市与低碳建筑设计系列教材》
编审委员会

本书编写会

主　　编：郑　曦

副 主 编：赵　晶　王美仙　葛韵宇

主　　审：刘　颂

《高等学校碳中和城市与低碳建筑设计系列教材》

总序

　　党的二十大报告中指出要"积极稳妥推进碳达峰碳中和，推进工业、建筑、交通等领域清洁低碳转型"，同时要"实施城市更新行动，加强城市基础设施建设，打造宜居、韧性、智慧城市"，并且要"统筹乡村基础设施和公共服务布局，建设宜居宜业和美乡村"。中国建筑节能协会的统计数据表明，我国2020年建材生产与施工过程碳排放量已占全国总排放量的29%，建筑运行碳排放量占22%。提高城镇建筑宜居品质、提升乡村人居环境质量，还将会提高能源等资源消耗，直接和间接增加碳排放。在这一背景下，碳中和城市与低碳建筑设计作为实现碳中和的重要路径，成为摆在我们面前的重要课题，具有重要的现实意义和深远的战略价值。

　　建筑学（类）学科基础与应用研究是培养城乡建设专业人才的关键环节。建筑学的演进，无论是对建筑设计专业的要求，还是建筑学学科内容的更新与提高，主要受以下三个因素的影响：建筑设计外部约束条件的变化、建筑自身品质的提升、国家和社会的期望。近年来，随着绿色建筑、低能耗建筑等理念的兴起，建筑学（类）学科教育在课程体系、教学内容、实践环节等方面进行了深刻的变革，但仍存在较大的优化和提升空间，以顺应新时代发展要求。

　　为响应国家"3060"双碳目标，面向城乡建设"碳中和"新兴产业领域的人才培养需求，教育部进一步推进战略性新兴领域高等教育教材体系建设工作。旨在系统建设涵盖碳中和基础理论、低碳城市规划、低碳建筑设计、低碳专项技术四大模块的核心教材，优化升级建筑学专业课程，建立健全校内外实践项目体系，并组建一支高水平师资队伍，以实现建筑学（类）学科人才培养体系的全面优化和升级。

　　"高等学校碳中和城市与低碳建筑设计系列教材"正是在这一建设背景下完成的，共包括18本教材，其中，《低碳国土空间规划概论》《低碳城市规划原理》《建筑碳中和概论》《低碳工业建筑设计原理》《低碳公共建筑设计原理》这5本教材属于碳中和基础理论模块；《低碳城乡规划设计》《低碳城市规划工程技术》《低碳增汇景观规划设计》这3本教材属于低碳城市规划模块；《低碳教育建筑设计》《低碳办公建筑设计》《低碳文体建筑设计》《低碳交通建筑设计》《低碳居住建筑设计》《低碳智慧建筑设计》这6本教材属于低碳建筑设计模块；《装配式建筑设计概论》《低碳建筑材料与构造》《低碳建筑设备工程》《低碳建筑性能模拟》这4本教材属于低碳专项技术模块。

本系列丛书作为碳中和在城市规划和建筑设计领域的重要研究成果，涵盖了从基础理论到具体应用的各个方面，以期为建筑学（类）学科师生提供全面的知识体系和实践指导，推动绿色低碳城市和建筑的可持续发展，培养高水平专业人才。希望本系列教材能够为广大建筑学子带来启示和帮助，共同推进实现碳中和城市与低碳建筑的美好未来！

丛书主编、西安建筑科技大学建筑学院教授、中国工程院院士

前言

在全球气候变化和能源危机日益严峻的背景下，绿色低碳发展已成为社会各界的共识。中国政府提出的"双碳"目标，即在2030年前实现碳达峰、2060年前实现碳中和，更是对我国各行各业提出了新的要求。作为城市和区域规划的重要组成部分，景观规划设计在应对气候变化、促进生态文明建设方面具有重要作用。因此，培养具备低碳增汇理念和技术的景观规划设计人才，成为当前高等教育的重要任务。

在这一背景下，传统的景观规划设计教学模式已经不能满足新时代的要求。高等教育需要更加注重理论与实践的结合，培养学生的创新能力和综合素质。因此，本书在编写过程中，结合了当前景观规划设计领域的最新研究成果和技术方法，注重理论教学与实践应用的有机结合，力求为读者提供系统、全面的低碳增汇景观规划设计知识。

本书紧密围绕"低碳"和"增汇"两个核心概念，从多角度、多层次展开，力求为读者呈现一个完整的低碳增汇景观规划设计框架。具体内容涵盖以下几个方面：

第1章 低碳增汇景观导论：介绍低碳增汇景观的基本概念、发展背景和重要意义，阐述景观规划设计在应对气候变化中的作用。

第2章 低碳增汇景观的规划设计原理：从不同尺度系统讲解低碳增汇景观的基本原理和设计原则，包括碳循环过程、碳汇和碳排的基本原理等。

第3章 低碳增汇景观现状评价：提供低碳增汇景观现状的评价方法和技术手段，帮助读者掌握景观碳汇能力的评估方法。

第4章 低碳增汇景观规划设计：详细讨论低碳增汇景观的规划与设计的流程和具体方法，涵盖绿地系统规划、景观设计、工程建造等方面。

第5章 低碳增汇植物景观规划设计：介绍植物景观在低碳增汇中的重要作用和设计方法，强调植物选择和配置的重要性。

第6章 低碳增汇景观运营维护：探讨景观的长期运营维护策略，确保低碳增汇效果的持续性和稳定性。

第7章 低碳增汇景观生命周期碳足迹优化：分析景观全生命周期的碳足迹，并提出优化措施，帮助读者理解和实践低碳增汇理念。

本教材秉持理论与实践并重，不仅注重低碳增汇景观规划设计的理论体系构建，还提供了丰富的实践案例和技术方法，帮助读者将理论应用于实际项目中。通过多尺度、多层次的分析，从全尺度空间特征、全生命周期阶段和全类型物质要素三个方面对低碳增汇景观进行全面解析，旨在为读者提供一个系统、综合的知识框架。本教材强调跨学科融合，结合了景观生态学、城市规划、环境科学等多个学科的研究成果，强调多学科交叉融合，拓展视野和思维方式。此外，该教材还引入了无人机遥感、激光雷达等前沿技术，为景观评价和规划设计提供先进的方法。

本教材由北京林业大学郑曦教授担任主编。

编写分工如下：

第1～3章：郑曦

第4章：赵晶

第5章：王美仙

第6章：葛韵宇

第7章：郑曦

统稿工作由主编郑曦教授完成。

特别感谢审稿专家刘颂教授的辛勤工作和宝贵意见，其专业指导对提高本教材的质量起到了关键作用。

我们诚挚邀请各位读者和同行提出宝贵的意见和建议，以帮助我们不断改进和完善。我们衷心感谢您的阅读和支持，希望本书能对从事景观规划设计的学者、学生和专业人士有所帮助，为推动低碳增汇景观的发展贡献一份力量。

第1章　低碳增汇景观导论

1.1 应对气候变化的低碳增汇景观
- 营建低碳增汇景观的背景
- 营建低碳增汇景观的意义

1.2 低碳增汇景观概述
- 基础理论
- 发展与转变

1.3 低碳增汇景观规划设计路径
- 规划设计总体目标
- 规划设计基本原则
- 低碳增汇景观分类
- 规划设计流程

第2章　低碳增汇景观的规划设计原理

2.1 城市绿地系统的低碳增汇原理
- 碳循环过程
- 城市绿地系统碳汇
- 城市绿地系统碳排
- 低碳增汇景观空间布局原理

2.2 城市绿地的低碳增汇原理
- 城市绿地碳汇
- 城市绿地碳排

2.3 植物群落的低碳增汇原理
- 植物群落碳汇
- 植物群落碳排

第3章　低碳增汇景观现状评价

3.1 评价目标

3.2 重点评价内容
- 城市绿地系统低碳增汇的重点评价内容
- 城市绿地低碳增汇的重点评价内容
- 植物群落低碳增汇的重点评价内容

3.3 评价数据类型与采集
- 卫星遥感影像
- 无人机近地遥感
- 激光雷达点云

3.4 评价技术与方法
- 城市绿地系统低碳增汇的评价方法
- 城乡绿地与植物群落低碳增汇的评价方法

第4章　低碳增汇景观规划设计

4.1 低碳增汇景观规划
- 规划前期工作
- 规划原则与目标
- 低碳增汇绿地系统规划布局

4.2 低碳增汇景观设计
- 设计对象与目标
- 城市绿地绩效分析
- 直接增汇设计方法
- 间接减排设计方法
- 直接减排设计方法

第5章　低碳增汇植物景观规划设计

5.1 低碳增汇植物景观规划设计流程
- 城市绿地层面
- 植物群落层面
- 规划设计流程

5.2 低碳增汇植物景观总体布局
- 碳汇基质核心的植物景观
- 生态廊道线网的植物景观
- 城市斑块空间的植物景观

5.3 低碳增汇植物群落设计
- 设计导向
- 低碳增汇植物群落关键调控参数
- 不同绿地类型的植物群落配置
- 高碳汇植物选择

第6章　低碳增汇景观运营维护

6.1 低碳增汇景观运营维护主要内容

6.2 低碳增汇景观运营维护流程
- 流程规划
- 重点管理内容
- 管理要求
- 保障措施

6.3 低碳增汇景观运营维护技术方法
- 景观设施的低碳运营维护
- 植物景观的低碳运营维护
- 水景观的低碳运营维护

6.4 低碳增汇景观的可持续管理措施
- 自然带的营造与管理
- 回收利用园林固废材料
- 应用智慧化低碳景观运维平台
- 科普宣教低碳增汇理念

第7章　低碳增汇景观生命周期碳足迹优化

7.1 低碳增汇景观生命周期评价
- 生命周期评价的一般流程
- 低碳增汇景观生命周期评价流程

7.2 低碳增汇景观生命周期评价特点
- 生命周期评价意义
- 发展前景与展望

目录

第 1 章　低碳增汇景观导论

【本章提要】如今，城市的发展已经从增量建设转为存量更新的阶段，在应对气候变化以及响应"双碳"等政策的背景下，风景园林在其中发挥的作用举足轻重。城市碳中和要通过绿地生态系统的碳汇效益及其综合服务能力来实现，决策者需要通过构建城市与区域一体的生态系统，拓展生态空间面积，改善生态系统结构，提升生态服务功能，增强城市碳汇能力，为市民带来健康、舒适、低碳的生活环境，减少城市碳排放，并促使不可避免的碳排放被自然生态系统更高效地吸纳。在景观设计中，将低碳理念融入其中是社会发展的必然要求，也是风景园林学科发展过程中一个新的方向。充分考虑低碳增汇目标的指向性作用，考虑碳的排放量，将资源的利用率尽最大程度地提高，减少能源的消耗，有利于资源的节约以及保护生态环境，为人民提供更美、更健康的人居环境。

1.1 应对气候变化的低碳增汇景观

1.1.1 营建低碳增汇景观的背景

1）全球气候变化

气候是指一个地区大气的多年平均状况，包括气温、降水等，具有一定的稳定性。根据世界气象组织（World Meteorological Organization，WMO）的规定，一个标准气候计算时间为30年，并在一个标准气候计算时间内，气温、降水等气候指标超出或低于平均状况并频频出现极端值的时候，就会出现极端气候的情形。

在全球气候变暖、人类活动影响等综合作用下，极端气候将导致局部或较大范围地区出现短时极端高温与极端寒冷、瞬时特大暴雨与极度干旱、特大飓风等各种罕见、异常或反常性的天气事件，导致气象、水文、地质和生态系统等各个方面偏离正常轨道[1]。

引起气候变化的重要原因之一是工业化。工业化进程中实施的森林砍伐、自然地表重塑、化石燃料的开采和消耗等行为破坏了自然界的碳平衡，造成了大量温室气体的排放，随之而来产生了一系列气候变化问题。

其中，全球气候变暖是气候变化带来的最主要负面影响，由于温室效应不断积累，导致地气系统吸收与发射的能量不平衡，能量不断在地气系统累积，从而导致地表温度上升到非正常的值域。

全球气候变暖一方面会导致全球降水量重新分配、冰川和冻土消融、海平面上升等变化，不仅危害自然生态系统的平衡，还影响人类健康甚至威胁人类的生存。另一方面，由于陆地温室气体排放造成大陆气温升高，与海洋温差变小，进而造成了空气流动减慢，大量细颗粒物无法短时间被吹散，造成很多城市雾霾天气增多，影响人类健康。

联合国政府间气候变化专门委员会（Intergovernmental Panel on Climate Change，IPCC）第六次评估报告（AR6）发现，未来全球平均气温每上升0.5℃都会显著改变全球大部分地区极端天气与气候事件的频率和强度，包括极端温度、极端降水、台风、干旱等。未来全球绝大部分有人口居住的地方都将出现更多、更强、更持久的极端高温。为应对气候变暖现象，《巴黎协定》提出了全球控安全目标即1.5℃温控目标——指各国承诺"努力"将全球平均气温升幅控制在1.5℃以内。

AR6报告还指出，1850～1900年间平均50年才发生1次的极端高温事件，在当前气候状态下约每10年发生1次；如果实现1.5℃温控目标，约每5年发生1次；而若放任全球升温4℃，则每年都会遭遇至少1次同等严重的高温。近年来，全球多地频频遭遇极端高温天气，尤其进入2023年以来，多地出现极端酷热天气。因此，世界各国自1997年开始推进了全方位产业升级和社会转型行动，目前气候问题已经成为世界范围内最受关注的环境问题之一。

为应对气候变化带来的巨大挑战，全球各国和地区都在积极采取行动。这些行动主要包括减缓气候变化和适应气候变化的两个方面：减缓气候变化的措施包括减少温室气体排放、加强能源效率和转向可再生能源等；而适应气候变化则是针对气候变化已经带来的影响，采取相应的应对措施，包括改善基础设施、调整农业种植模式、开展防灾减灾等。

在城市区域实现碳中和是目前应对气候变化的一个关键步骤，城市区域是导致现阶段气候变化的主要因素，也是遭受气候变化影响最严重的区域之一。城市还是人类活动最密集的地区，尽管面积只占地球陆地面积的2%，但是排出的温室气体却达全球总排量的75%，因而推动绿色低碳城市建设是减缓气候变化的关键。

因此，在应对气候变化的过程中，低碳增汇景观的规划设计发挥着重要作用。发生作用的载体（即城市绿地）在应对气候变化和实现城市碳中和中扮演着关键角色，城市绿地能够改善由气候变化造成的人居环境恶化，例如通过局部的降温作用缓解城市热岛效应调整城市的局部气候，促进绿色出行并塑造健康环境，缓解气候变化带来的健康风险，或者采用绿色的雨水管理或径流管理设施等，降低极端气候导致的安全风险。

2）国家"双碳"政策

"双碳"即碳达峰与碳中和的简称，首先明确二者的概念为：

"碳达峰"指在某一个时点，二氧化碳（CO_2）的排放不再增长并已达到峰值，之后逐步回落；

"碳中和"指国家、企业、产品、活动或个人在一定时间内直接或间接产生的CO_2或温室气体排放总量，通过植树造林、节能减排等形式，以抵消自身产生的CO_2或温室气体排放量，实现正负抵消，达到相对"零排放"。

2020年9月，习近平主席在第七十五届联合国大会一般性辩论上阐明，应对气候变化的《巴黎协定》代表了全球绿色低碳转型的大方向，是保护地球家园需要采取的最低限度的行动，各国必须迈出决定性步伐。中国将提高国家自主贡献力度，采取更加有力的政策和措施，力争于2030年前使CO_2排放达到峰值，同时努力争取2060年前实现碳中和。

"双碳"目标是我国基于推动构建人类命运共同体的责任担当和实现可持续发展的内在要求而作出的重大战略决策，为国际社会全面有效落实《巴黎协定》注入强大动力，彰显中国积极应对气候变化、走绿色低碳发展道路、推动全人类共同发展的坚定决心。

此外，党的二十大报告中还指出，我们要推进美丽中国建设，坚持山水林田湖草沙"生命共同体"的一体化保护和系统治理，应对气候变化，协同推进降碳、减污、扩绿、增长，推进生态优先、节约集约、绿色低碳发展的理念。

当前的"双碳行动"涉及从景观规划设计到国土空间规划与生态保护修复等多个尺度的工作。在宏观尺度上，国土空间的规划、国家生态修复重大工程的布局、陆域与海域之间统筹都需要既考虑大地景观的格局，也需要提升其生态系统功能。在中观尺度上，城乡空间布局优化与蓝绿空间协调、海绵城市建设、城市更新行动、村庄自然景观和乡村生境的营造及"生态、生产、生活"三生空间的合理布局等，均需要在景观风貌与其功能方面同时发力，降低碳排放，增加碳汇，营造低碳高效的城乡环境。在微观尺度上，公园绿地的布局、园林植物的配置、建设材料的选择等，可同时为气候变化的减缓和适应做出贡献[2]。

此外，在全球气候变化的背景下，伴随着我国"双碳"目标与《2030年前碳达峰行动方案》的提出，绿色低碳发展已成为全国各行业坚持并积极实施的发展战略。风景园林作为人居环境学科可以发挥其独特的优势，助力推进生态文明建设战略、提高生态效益并推动"双碳"目标实现。应对气候变化主要围绕提升减缓能力与适应能力展开，我国目前提出的园林城市、生态城市、公园城市与韧性城市等概念，都体现出我国风景园林在提升城市韧性与城市碳汇中的行动主导方向。

3）由增量建设转为存量更新的时代背景

增量用地和存量用地的概念是由资产资源管理术语引入到土地管理中而来的，两者在土地建设状态和产权性质上有所区别。增量用地即新增建设用地，通过农用地和未利用地征转而来；存量用地包括城乡建设已占有或使用的土地，也指闲置未利用或利用不充分、不合理、产出低的土地[3]。因此，存量绿地可概括为城市中已投入使用、已占未建、已建设但利用不充分的绿地，包括公园绿地、防护绿地、广场用地、附属绿地、区域绿地，以及具有发展为区域绿地潜力的城市近郊生态林地。

长期以来，城乡绿地以"增量"为基本出发点，新建各类绿地。见缝插绿、留白增绿推动了城乡生态格局的不断优化。北京、上海等超大城市正面临着土地高度集约利用和绿地增量减少的客观趋势，受到城区建筑密度、街道格局等诸多限制，很难再新建出较大片的绿地来提升公共服务，城市外围也即将迎来"无林可造"的发展瓶颈。需要从大规模绿地增量建设的单一思路，向精准增量、优化存量、提高质量的复合思路转变，通过存量绿地更新、城市减量与绿地增量精准衔接等方式，完善城乡绿地的结构布局，优化环境品质和功能效益，从绿色空间层面支撑城市高质量发展目标实现[4]。

当今城市化快速发展，随着城市人口的增加和建筑密度的提升，原有的自然绿地被不断压缩，城市环境面临严峻挑战。对已有建筑和绿色基础设施进行改造和提升，提高城市绿地的品质和生态效益，成为了改善城市生态环境、提升居民生活品质的有效途径之一。

在这样的时代背景下，低碳增汇景观的引入进一步体现了对可持续发展的追求，通过增加绿色植被、水体等元素，不仅能够减少温室气体排放，还能为城市生态系统提供更多的生态服务，实现城市绿地建设与环境保护的有机结合。

对此，城市绿地及时有效的低碳化存量更新，有助于促进人与自然和谐共生，更新的绿地可以为市民提供更多的休闲娱乐场所，营造更加宜居的生活环境，有助于激发人们对自然的热爱和保护意识，促进环境教育与科普的开展，从而增强市民参与城市生态建设的积极性。

1.1.2 营建低碳增汇景观的意义

人民的生活水平日益提高，健康意识和环保需求逐渐成为时代主流，低碳生活、低碳景观、低碳社会等低碳观念已经深入人心。同时，随着气候变化的加剧以及"双碳"战略的提出，存量更新的时代背景促使景观建设不断地向低碳化建设，城市绿地景观的规划与设计也从追求单一的古典意境美的设计逐渐转变为符合生态文明导向的现代设计，景观建设朝着科学和可持续的方向发展，低碳景观设计理念的丰富与实践是未来社会的根本需求。

在这样的时代与政策背景下，低碳增汇景观的建设将更多的绿色植被和自然元素引入城市，有效地吸收CO_2，同时减少温室气体排放。这不仅有助于改善城市空气质量，减缓气候变暖的进程，还为未来的可持续发展奠定了坚实基础。推动低碳增汇景观的建设是当前城市规划和建设中的重要任务，对于实现城市绿色、健康、可持续发展具有深远意义。

1.2 低碳增汇景观概述

1.2.1 基础理论

在进行低碳增汇景观规划设计前，相关基础理论的了解与学习不可或缺，这些理论为设计提供了重要的指导和灵感：基于自然的解决方案的概念倡导通过模仿自然过程来实现景观设计的优化，从而最大程度地减少碳排放并增加碳吸收效益；生态系统服务的理念可以使设计师认识到自然系统为人类社会提供的各种重要服务，包括气候调节、水资源调控、生物多样性维护等，这为景观设计提供了更加广阔的视角；景观生态学的研究提供了深入理解景观格局和生态过程的工具，帮助优化景观结构和功能，以实现景观生态效益的最大化。这些核心理论的引导，能够让我们更加全面地思考和规划低碳增汇景观，为未来建设更加可持续和韧性的环境做出积极正向的贡献。

1）低碳增汇景观理论

碳汇是指从空气中清除CO_2的物体或生态系统。碳汇与环境质量呈现正相关性，因为它们具有更强的吸收和储存CO_2的能力，从而提高生态环境的恢复速度。

碳排放是指CO_2向外释放的过程。

碳通量指一定时期内城市系统碳输入或输出的量，包括碳输入通量和输出通量。碳通量包括水平和垂直两个不同的方向，本文主要研究城市系统的垂直碳通量，即城市系统地表与大气之间碳流通的量。

碳循环指碳元素在大气、海洋和陆地这三个主要圈层内部和之间的迁移转化。

碳交换指将CO_2和其他温室气体的排放权进行配额分配和交易的机制。

景观通常指一组相互作用的生态系统在空间上的镶嵌组合，其作用的对象是城市绿地。

低碳增汇景观是将低碳思想与景观设计相结合而衍生出的专业名词，低碳指的是低碳排，增汇指的是增加碳汇。该概念的产生源于当代绿色生态可持续思想，是应对生态环境恶化、CO_2排放量过大、全球平均气温不断上升、自然灾害频发等问题的重要举措。低碳的本质是抽象概念"可持续发展"的具体化，是对景观设计各方面要素的内在要求。

低碳景观不仅仅是碳排放量的直观反映，它更是追求节约和健康等精神境界的体现。从规划到施工、使用、后期景观维护的全生命周期，低碳景观需要利用先进技术设备精确测算碳排放、碳汇等数据，以优化景观低碳化的最优设计方案[5、6]。

2）基于自然的解决方案

基于自然的解决方案（Nature-based Solution，NbS）通过自然资源的高效利用和适应性生态系统管理应对多样化挑战，是国际上普遍认可的生态恢复前沿理念[7]。

2015年，欧盟委员会（European Commission，EC）将NbS定义为"受自然启发、协调支持和利用自然的解决方案，旨在以节约资源和适应性的方式应对多样化挑战，同时提供经济、社会和环境的多重效益"[8]。

事实上，NbS代表着一种寻求与生态系统合作而非依赖传统工程的解决方案，其目标在于减轻气候变化的影响，并致力于改善可持续生计、保护自然环境和生物多样性[9]。

在具体项目实施过程中，可以依据NbS的原则使项目规范化，并鼓励项目管理者根据各项指标对项目进行自我评估和改进，确保项目的科学性、合理性与包容性，NbS包括了一系列的基于生态系统的手段，比如其基于生态系统的适应、基于生态系统的灾害风险减缓、自然或基于自然的基础设施、绿色基础设施和基于自然的气候解决方案，核心理念包括了自然为本、系统思维、多目标协同、尺度匹配和适应管理，也包括基于生态系统的原则和在农业实践、粮食系统和水资源管理方面的应用[10]。

城市绿地是城市环境应对气候变化的重要环节，目前实现城市碳中和中所有基于自然的解决方案都与城市绿地有关，主要依靠绿地所带来的抑制城市扩张、直接固碳、间接减排和环境改善效应。直接固碳效应在于城市中包含的大量植被能够吸收大气中的CO_2，通过光合作用将其中的碳转化为生物质进行直接的碳封存，而植被固碳具有邻近增益的特征，因此城市中的植被比大范围的自然森林更能削减城市大气环境中的碳排放。对于间接减排，城市绿地能够降低城市环境的局部气候，通过增加通风、增加湿度、提供阴影等方式降低人为温度调节的强度，从而降低其产生的碳排放。

3）生态系统服务

生态系统是生物与环境之间进行能量转换和物质循环的基本功能单位[11]。

生态系统服务（Ecosystem Services，ES）是指生态系统和生态过程提供支持及维持的人类赖以生存的自然环境和生命的条件、效用和功能，促进人类更好地生存和发展[12]。人类生存与发展所需的资源归根结底都来源于自然生态系统，它不仅为人类提供食物、医药和其他生产生活原料，创造与维持了地球的生命支持系统，形成人类生存所必需的环境条件，同时还为人类生活提供了休闲、娱乐与美学享受。

生态系统服务的概念是随着生态系统结构、功能及其生态过程深入研究而逐渐提出、并不断发展的。城市绿地生态系统属于生态系统不可或缺的一部分，能够给予各式各样的生态服务给城市居民，既有物质服务，也有非物质服务[13]。这不仅提高了市民的生活幸福指数，而且让城市绿地生态环境更加美好。

目前，城市生态系统服务功能评估的相关研究已成为城市景观生态学、绿地规划与治理等方面的科研重点，不仅可以在政府绿地建设政策中给出科学的依据，还可以使广大市民认识到城市绿地生态系统管理的重要意义、形成良好的环境观念。但由于生态环境与社会发展密不可分，打造低碳增汇景观已成为中国城市化建设进程中的一个重大任务[14]。

因此，绿地系统作为城市生态系统中极其重要的一部分，在改善城市面貌方面具有关键作用，现如今越来越受到人们的重视。开展城市绿地系统研究，有利于将绿地系统的生态效益发挥到最大，同时对城市绿地系统规划、改善城区环境质量起到重要作用[15]。

4）景观生态学

景观生态学主要研究宏观尺度上景观类型的空间格局和生态过程的相互作用，及其动态变化特征。作为生态学、地理科学和环境科学之间的一门综合交叉学科，景观生态学一词首先由德国的Troll于1939年提出；从其诞生到现在，已经历了70余年[16]。其研究方向主要有景观要素的组成、景观生态系统的空间分布格局、景观要素或生态系统间的相互作用和变化3个方面。

景观是由景观要素组成。景观要素指基本的、相对均质的土地生态要素或单元。从生态学的观点来看，这些要素相当于生态系统。景观要素有3种类型：斑块（Patch）、廊道（Corridor）和基质（Matrix）。市域绿地景观斑块指在外观上不同于周围环境的非线性地表区域。作为斑块意义上的市域绿地，其类型、规模、形状、空间结构对整个市域景观均有重要的生态意义。

生态问题的引发会直接影响到城市居民的生活质量和所在地区的生态质量及城市形象。景观生态学作为生态学与地球科学的交叉学科，能够从一定尺度上从景观结构、功能上进行动态分析，对整体景观格局的尺度、空间异质性等进行客观描述，从而指导绿地规划与建设。因此，城市绿地景观的建设需要充分考虑景观生态学的观点和原理，以低碳为导向进行规划设计。

1.2.2 发展与转变

1）低碳增汇景观的发展

低碳增汇景观由低碳城市理论发展而来，是新兴的细分领域。低碳城市是指以低碳经济为发展模式及方向、市民以低碳生活为理念和行为特征、政府公务管理层以低碳社会为建设标本和蓝图的城市[17]，了解低碳城市的相关概念有助于更好地认识和了解低碳增汇景观。目前低碳城市的概念融合了低碳经济、低碳消费、低碳社会、低碳交通、循环经济、可持续发展等多项理念，涉及生态学、经济学、环境学、地理学、城市学等多个学科的内容。尽管学者对低碳城市概念的界定视角不同、侧重点不一，但其就以下内容达成一致：低碳城市是一个复杂的巨系统，其以低碳经济为基础，旨在保持经济发展的同时降低城市碳排放，需要注重城市系统的整体作用，并最终实现经济发展、生态环境保护、居民生活水平提高等多目标的共赢。其历史可以一直追溯到2003年，英国率先在《我们能源的未来》白皮书中提出"低碳经济"，2007日本提出"低碳社会"，自此低碳问题引起全球广泛关注。随着"低碳城市"理念的不断推广，世界范围内掀起了一股低碳城市建设的热潮，学者、公众与地方政府对于低碳城市的关注度与日俱增[18]。

目前，低碳城市实践走在领先地位的基本都属于C40城市气候领导联盟成员。2005年，为应对气候变化，前伦敦市长提议成立全球性城市组织C40来加强世界各大城市间的合作，共同推动城市的减排行动和可持续发展。该联盟作为由城市创建并领导的气候变化组织，在全球气候变化领域具有广泛的影响力。目前C40共吸纳了96个全球大型城市的加入，包括伦敦、巴黎、纽约、洛杉矶、悉尼、东京、墨西哥、北京和上海等，共覆盖了6.5亿人口，占据了全球超过25%的GDP。我国的低碳城市建设正式起源于2008年1月，世界自然基金会（World Wildlife Fund for Nature，WWF）启动了"中国低碳城市发展项目"，并将上海和保定选为首批试点城市。该项目旨在探索建筑、交通和可再生能源领域的低碳发展模式，并推广到其他城市[18]。这些试点城市开创了我国低碳建设的先河，为推进城市的低碳建设提供了经验借鉴，之后我国陆续设立81个低碳试点城市（表1-1），并逐步开始进行全面的低碳城市建设，低碳增汇景观同时应运而生。

我国低碳试点城市的地理分布 表1-1

区域	省（自治区、直辖市）	试点县市
东北（6）	黑龙江（2）	逊克县、大兴安岭
	吉林（1）	吉林
	辽宁（3）	沈阳、大连、朝阳

区域	省（自治区、直辖市）	试点县市
华东（31）	上海（1）	上海
	江苏（5）	镇江、南京、常州、苏州、淮安
	浙江（6）	宁波、温州、杭州、嘉兴、金华、衢州
	安徽（6）	池州、合肥、淮北、黄山、六安、宣城
	福建（3）	南平、厦门、三明
	江西（6）	南昌、赣州、景德镇、共青城、吉安、抚州
	山东（4）	济南、烟台、潍坊、青岛
华北（8）	北京（1）	北京
	天津（1）	天津
	山西（1）	晋城
	河北（3）	石家庄、秦皇岛、保定
	内蒙古（2）	呼伦贝尔、乌海
华中（7）	河南（1）	济源
	湖北（2）	武汉、长阳土家族自治县
	湖南（4）	长沙、株洲、湘潭、郴州
华南（7）	广东（3）	深圳、广州、中山
	广西（2）	桂林、柳州
	海南（2）	三亚、琼中黎族苗族自治县
西南（9）	重庆（1）	重庆
	四川（2）	成都、广元
	贵州（2）	遵义、贵阳
	云南（3）	玉溪、普洱市思茅区、昆明
	西藏（1）	拉萨
西北（13）	陕西（2）	安康、延安
	甘肃（3）	兰州、敦煌、金昌
	青海（1）	西宁
	宁夏（2）	银川、吴忠
	新疆（5）	昌吉、伊宁、和田、第一师阿拉尔、乌鲁木齐

对于低碳增汇景观，国外相关研究概念为"the Carbon Landscape"，可译为"碳景观"，最早由新西兰景观设计师克雷格·波考克（Craig Pocock）于2007年提出，意在研究风景园林项目潜在的碳值。他指出，设计师正被园林产物表象的绿色和可持续性所误导，存在错误的环境自信，并对其自身

14年来从事的园林景观项目所消耗CO_2成本进行估算，结果显示一般设计师使用材料产生的CO_2远超出其种植植物能吸收的碳量[19]。

在《中国园林》2008年3月刊中，刘晓明教授聚焦低碳景观撰写了第75期国际风景园林设计师联合会IFLA通讯，其中介绍了克雷格·波考克学者在大会上主题为《碳景观：管理风景园林设计中的碳作用》的报告[20]。《中国园林》2010年第6期将主题设为"低碳与风景园林"，汇集了学科内诸多学者关于低碳与风景园林这一新主题的观点讨论，2011第1期继续"低碳的实践与研究"的主题。2012年中国建筑工业出版社出版了涂秋风所著的《低碳与城市园林》[21]，系统地从城市园林行业角度阐述与低碳关系的书籍。

2）低碳增汇景观的转变

如今，低碳增汇景观理论与实践经过数十年的发展有了一定的内在逻辑与体系，逐步转变为一套科学的理论体系。

现阶段国内外低碳增汇景观主流设计理念与原则和核心要素为"增加碳汇"和"减少碳排"[22]。学者们提出了低碳景观设计的主要思路：共生和循环[24]，其要求设计者在规划设计阶段考虑场地具体的自然、经济和社会条件，做到因地制宜、自然做功、以人为本，以体现生态优先、可持续发展及节约理念的表达。低碳景观应利用其环境营建与个人福祉之间的潜在关系[23]，在可持续发展的同时遵循"以人为本"的设计理念。将景观要素的美学价值与其低碳效应相结合，营造符合使用者需求且美观雅致的景观设计，体现其舒适性及美观性。

其次，景观绿地全生命周期碳足迹的研究也是当今低碳增汇景观的热点趋势，克雷格·波考克总结出碳循环主要涉及园林项目中的4个阶段：设计、施工、管理、更新[24]。该结论也成为诸多学者进行延伸扩展研究的低碳园林核心方向。迈克尔·W·斯托巴赫（Michael W. Strohbach）[25]等运用全生命周期评价方法（LCA）对城市园林绿地的碳足迹进行研究，研究结果表明，城市园林绿地的碳足迹受设计及其产生的管理方式影响重大，其中树木的生长率和死亡率影响最大。殷利华等相对较深入地探讨了园林绿化施工阶段碳足迹的计算思路，分析了绿化施工中碳足迹主要体现在园林施工企业的施工材料取得、运输、设备利用、植物栽种及措施、人员作业、工程竣工各环节中直接或间接产生的CO_2总量。

此外，大量研究还表明植被并不是一个永久性的碳汇，生长过程中能固定大气中的碳并储存植被中，这部分碳最终因植被的死亡而被释放，因此树木需要适当的种植和维护，以确保更长的生命周期，避免过快的碳释放[26]。

因此，园林绿地的碳足迹需考虑整个生命过程，其施工、后期管理会产生大量碳排放，甚至超过其碳汇量，树木的生长情况和枯竭后的处理也很大程度影响着绿地的碳汇效益，而园林绿地这些过程中的碳排放量跟前期设计有很大关联。在进行低碳增汇景观规划与设计时，设计师应在深入了解园林绿地碳足迹的基础上，加强风景园林设计阶段的低碳意识，用尽可能少的资源为人类创造低消耗、低污染、可持续发展的美好生存环境。

我国正处于城市化快速发展时期，高能耗发展的刚性需求在一段时间内难以改变。充分发挥城市绿地的生态系统服务功能，降低碳排放，增加碳吸收既成为我国低碳城市建设的关键途径[27]，同时也对城市绿地的规划建设提出了新要求：低碳增汇景观必须在降低自身碳排放的基础上，有效增加碳吸收，显著改善人居环境，并能适应未来气候变化预景下区域环境条件和城市发展需求。一些学者已经开始在原则与思路方面对低碳园林规划建设进行了有益探索[22、28、29]，但目前低碳增汇景观仅处于概念层面，缺乏具体的实施途径。因此，如何构建符合低碳政策的城市绿地仍是城市管理者与风景园林规划研究人员面临的重要问题。

1.3 低碳增汇景观规划设计路径

1.3.1 规划设计总体目标

低碳增汇景观建设项目应以低碳、美丽、舒适为总要求，在规划设计、建设和运营的全生命周期内融入碳中和理念，不断提升减排水平和碳汇能力，在最大限度地实施减排措施的基础上，通过适当的抵消方式中和其最终排放的温室气体，形成人与自然和谐共生的城市蓝绿空间。具体目标包括提升碳吸收和碳减排能力两个方面[30]。

1）提升绿地的碳汇能力

（1）增加碳储存量：充分保护现有城市绿地中的林木资源、土壤资源、湿地资源等，并在低碳增汇景观规划设计的过程中适当增加绿色植物量，引入更多碳固存能力强的植物群落，扩大植被覆盖面积，以增强绿地的碳储存能力，进而增加碳储存量。

（2）提高碳汇速率：在城市绿地建设的过程中通过选择速生的植物，优化土壤结构，增加土壤有机质含量，提高土壤肥力和保水能力，以及适时修剪、疏伐和管理植被，保持植被的健康生长状态，促进植物的生长，加速碳的循环过程等手段，提高绿地的碳汇速率。

（3）促进协同增汇：在进行低碳增汇景观规划设计时，还要考虑到城市绿地可以作为城市生态网络的重要组成部分，连接城市中的各类绿地，形成连续的生态廊道，并通过建立生态通道，促进不同区域之间的生物迁移和物质循环，实现碳汇资源的合理利用，以及效益的提高，达到协同增汇的作用。

2）增强绿地的碳减排效益

（1）低碳建造运营：在景观建造的过程中选择可循环利用、可再生的建筑材料，减少建筑过程中的碳排放，如使用再生木材、可降解的材料等，同时在建筑施工和运营过程中，最大限度地减少碳排放量的产生，提高资源利用效率，实现资源循环利用减少对生态系统的破坏，降低绿地中的碳排放。

（2）促进协同减排：提倡在减少碳排的同时达到其他的环境友好性效果，以回应可持续发展的内在要求，多维度实现环境质量的根本改善。

（3）倡导绿色出行：设计并优化绿色交通系统，加强城市绿道体系建设推广绿色出行方式，如步行、骑行、公共交通等，减少机动车辆的使用，降低交通排放，实现交通绿色化的目标。

（4）加强低碳宣传：加强公众对低碳环保的认知与意识，通过教育、宣传和示范，引导社会各界积极参与到低碳增汇的行动中来，实现意识提升与教育的目标。

1.3.2　规划设计基本原则

低碳增汇景观的建设应注意平衡"降碳""增汇""民生"三者关系。"降碳"即在保证生态系统完整性、提供游憩空间基础上，应用减碳技术最大限度地控制和降低公园建设和运营期间产生的温室气体排放量；"增汇"，即巩固生态系统碳汇能力，发挥植被"碳库"作用，通过科学植物培植形成高碳汇自然植物群落；"民生"即创新公众宣传教育形式，通过公园建设运营，增强公众生态环境获得感、幸福感，构建全民参与碳减排行动良好氛围。低碳增汇景观的实施应遵循如下原则[31]。

1）增汇减排原则

积极构建碳中和园林，近期目标是通过碳汇平衡实现碳中和，远期目标是零排放直至负排放，即产生净碳汇，不断完善风景园林的规划设计，使其成为恢复城市碳平衡和生态平衡的重要手段。从增汇和减排两个方面同步推进建设[30]。

增汇方面，风景园林绿地作为城市重要的自然碳汇，应加强城市范围内森林、湿地等生态敏感区域的保护和管理，科学选择园林植物、绿量和配置方式，以及后期养护管理方式等，不断加强土壤、湿地、水体、植被等固碳能力与碳汇功能，同时减少对风景园林的人工干预程度，强化自然的自我修复和维持能力。

减排方面，以降低能耗和实现能源自给为目标，应降低园林建设运行和维护管理过程中的碳足迹，减少化石能源消耗，充分挖掘和利用可再生能源，推动实现能源自给。风景园林建设开展低碳规划设计，应严格控制施工阶段碳排放，合理选择建材及施工工艺，采取科学合理的风景园林管护方式等降低维护碳排放，更新阶段尽可能延长风景园林的生命周期，以有效降低碳排放。

2）协同增效原则

协同增效指的是，在低碳增汇景观规划设计以及建设运维过程中，应坚持"减污、降碳、扩绿、增长"四位一体的协同机制，在实现碳中和目标的同时，应注重提升公园品质、兼顾美好生活，发挥协同效应。

提升城市绿地生态系统服务功能并进行优化，有助于维护城市生物多样性，全球气候变化使城市人居环境质量面临严峻威胁，风景园林对全球气候变化、生态环境修复、生物栖息地保护、舒适宜居的生活环境建设等都具有积极的作用[32]。

在目前的环境与气候双重压力下，风景园林要发展成为解决城市生态环境与气候变化问题的重要措施，应积极探索风景园林的生态价值实现机制，全面保护城市自然生态格局，最大限度发挥其生态服务功能。气候变化导致生物多样性减少，风景园林应承担城市优美生境的保护者、恢复者、营造者和维护者等多重角色，从传统的注重塑造空间和视觉效果向支持城市生态环境可持续发展转变，从营造城市人居环境向保护城市生态环境和生物多样性转变，以达到协同增效的目的[30]。

3）可持续原则

基于可持续原则，应坚持"低干预、低消耗、低维护、低排放"的理念，通过控制景观建设与运营维护的生命周期过程的全过程降低环境的干扰以及景观设计中材料、能源与人力资源的消耗，采用基于自然的解决方案，实现公园的可持续发展。

可持续性的思想最早可追溯到20世纪60年代，《寂静的春天》一书的出版，这本书使人们的环保意识逐渐觉醒，人们重新审视了赖以生存的家园的现状，对于环境的可持续发展有了初步的认识。

1972年《人类环境宣言》在联合国第一次环境会议的通过，宣示环境保护的理念第一次在全球范围内产生影响。20年后的第二次会议通过并签署了包括《气候变化框架公约》在内的多个重要文件和公约。这充分体现了世界各国对环境问题的重视，环境的可持续发展思想应运而生，随后就迅速地被多行业多领域接受，引起共鸣。

景观行业内首先引入可持续发展理念的是美国景观设计师协会（ASLA），他们在20世纪90年代提出将可持续发展理念应用于景观，并深入探讨、列举了一系列原则，包括：将环境保护提升到和保护历史文化一样的高度，只有这样，人类的社会才会取得长远的发展；人类社会、文化的繁荣发展是与环境的和谐健康分不开的，它们是互相影响的；为实现人类社会、经济、环境的可持续发展，自然生态系统的作用不可忽视。美国景观设计师协会在景观行业的影响力很大，建设可持续性发展景观理念一经提出，在行业内引起巨大反响，景观工作者都意识到景观的内部也是一个小型的生态系统，也在不断地发展变化不断地再生和更新，只要景观内部这种再生更新能够健康地进行，就能促进景观的可持续性发展。这是景观设计工作者要追求的目标。

随着近些年环境问题受到重视，人们不再仅仅把注意力集中在社会的发展和经济的发展上，更希望改善生存环境的质量，环境的开发利用满足当下生活需要的同时更要为子孙后代创造良好的生存条件。可持续性发展理念能够准确地概括人们的这些愿景，它容纳了生态学的观点，力求保证自然生态系统和人类发展的平衡，创造能够将现代科技和人类生活融合起来共同发展、兼容并包的生存环境。

综上所述，可持续性景观内涵可以理解为，创建的过程以生态学为指导，与自然环境相互依赖融合，消耗最少的资源能源，能最大限度地满足人们需求的稳定能持续发展的景观。它的立足点是以自然和生态为中心，用保护性的思想指导景观设计[33]。

4）公众参与原则

公众参与原是法学概念，指的是公众对政治生活、社会生活和经济生活的参与。公众参与是发达国家环境法的一项基本原则，是指在环境保护领域，公民有权平等地参与环境立法、决策、执法、司法等与其环境权益相关的一切活动。公众参与强调的是决策者与受决策影响的利益相关人双向沟通和协商对话。应遵循"公开、互动、包容性、尊重民意"等基本原则。

将公众参与原则应用于低碳增汇景观设计的过程中，要对周围居民和过往行人提出的建设性意见进行充分的调查。再结合景观生态学、环境心理学、风景园林等学科进行综合分析与规划设计，让市民直接或间接地参与设计或更新改造的过程、提出解决方案、参与后期维护，同时可以培养居民的主人翁意识，增强居民对响应低碳号召的责任感。

积极履行公众参与原则，需要鼓励公众全程参与公园绿地建设，发挥教育宣传功能。结合公园景区景点，创新性建设碳中和相关理念、技术、管理机制等方面的宣教及科普设施，增强公众的低碳技术体验感以及生态环境获得感，营造全民参与碳减排行动的良好氛围。

公众参与既能使民众的民主权利得到最大程度的发挥，又能将"以人为本"的原则贯彻到实践中，避免在改造设计中产生以利益为标准的现象，忽视了居民的需要。只有使用者才能最深刻地体会并感受到低碳增汇景观存在的优点和缺点，并通过持续地提出新的建议和要求，来持续地对绿地的功能和建设进行改进。

1.3.3 低碳增汇景观分类

城市绿地系统，是城市地区人居环境中维系生态平衡的自然空间和满足居民休闲生活需要的游憩地体系，也是有较多人工活动参与培育经营的，有社会、经济和环境效益产出的各类城市绿地的集合（包含绿地范围里的水域），此系统中，各类绿地的功能、位置、所属管理机构等的不同，使得各类绿地有其不同的特点，也对绿地建设提出了不同的要求[34]。因此，明确城市绿地的分类是进行后期低碳增汇景观规划的前提条件。

总的来说，城市绿地可以分3大尺度和5大类型。

1）城市绿地系统—城市绿地—植物群落

从尺度上可以将城市绿地分为三个层级：城市绿地系统—城市绿地—植物群落。

第一个层级为城市绿地系统。

城市绿地系统（Urban Greenland System）是指市域内各类绿地通过绿带、绿廊、绿网整合串联构成的具有生态保育、风景游憩和安全防护等功能的有机网络体系[35]。它是城市总体规划的有机组成部分，反映了城市的自然属性。在人类选址建造城市之初，大多将城市选择在和山、川、江、湖相毗邻的地方，它给予城市的形态、功能布局及城市景观以很大影响。先有自然，后有城市，自然环境对城市发展的影响是巨大的。但随着工业的发展、人口的增加，城市中自然属性逐渐减弱，城市绿地系统成为体现促进自然特色的主要组成部分，人类利用城市绿地系统改善城市环境，美化城市景观，完善城市体系。城市绿地系统的功能作用随着人类对城市、城市环境的理解与认识的进步而不断地变化，随着城市绿地系统和规模的发展，城市绿地系统的功能也变得更为综合多元化。

第二个层级为组成城市绿地系统的城市绿地斑块。

城市绿地是指城市中以植被为主要形态，并对生态、游憩、景观、防护具有积极作用的各类绿地的总称[36]。共包含两个层次的内容：一是城市建设用地范围内用于绿化的土地；二是城市建设用地之外，对城市生态、景观和居民休闲生活具有积极作用、绿化环境较好的区域。此外，城市绿地的概念有广义和狭义之分。狭义的城市绿地是指城市中面积较小，设施较少，人工种植花草树木形成的绿色空间；广义的城市绿地是指城市规划区范围内的各种绿地，是城市规划区内被植被覆盖的土地、空旷地和水体的总称。

第三个层级则是城市绿地的主体元素植物群落。

植物群落是指生活在一定区域内所有植物的集合，它是每个植物个体通过互惠、竞争等相互作用而形成的一个巧妙组合，是适应共同生存环境的结果，例如一片林地、一个有水草或藻类的水塘等，每一个相对稳定的植物群落都有一定的种类组成和结构。植物群落是直接影响景观碳汇与碳排的因子，其群落构成、生长环境、植株状态等都会导致其内部的生化反应产生差异，进而带来了不同水平的碳汇能力。

城市绿地在不同层级间相互影响，共同直接或间接地决定了其在低碳增汇方面的效能。首先，城市绿地系统作为城市规划的核心，承载着自然特色和城市环境改善的重任，其发展程度和功能多样性，会间接影响城市的整体碳汇能力。其次，城市绿地斑块作为城市绿地系统的组成部分，其绿化程度和质量不同，导致了其在吸收和存储碳的能力上存在差异。最后，植物群落作为城市绿地的主体元素，不同的类型和结构直接影响了城市绿地的整体低碳效能。因此，只有在综合考虑和合理规划城市绿地的不同层级，才能最大限度地实现景观绿地的低碳增汇效应，为城市环境的可持续发展提供有力支撑。

2）城市绿地分类

根据《城市绿地分类标准》CJJ/T 85—2017从类别上可以将城市绿地个类型：公园绿地、广场用地、防护绿地、附属绿地、区域绿地[37]。

（1）公园绿地

公园绿地是城市绿地中最重要的组成部分也是人们接触最多、对城市形象影响最大的绿地。公园绿地以向全体市民开放、具有游憩功能为主要特征，兼具景观、生态、教育、减灾等功能。公园绿地可分为以下5项：综合公园（全市性公园区域性公园）、社区公园（居住区公园、小区游园）、专类公园（儿童公园、动物园、植物园、历史名园、风景名胜公园、游乐园、其他专类公园）、带状公园、街旁绿地。公园绿地要求绿地率大于等于65%。

（2）广场用地

广场是以游憩、纪念、集会和避险等功能为主的城市公共活动场地，要求其绿化占地比例宜大于或等于35%；其中，绿化占地比例大于或等于65%的广场用地直接计入公园绿地。

（3）防护绿地

防护绿地是指为了满足城市对卫生、隔离安全的要求而设置的绿地，它的主要功能是对自然灾害和城市危害起到一定的防护和减弱作用。它可细分为卫生隔离绿带、道路防护绿地、城市高压走廊绿带、防风林、城市组团隔离带等。防护绿地要求绿地率大于等于35%，大于65%则直接记为公园绿地。

（4）附属绿地

附属绿地是指城市建设用地中绿地之外各类用地中的附属绿化用地。这类绿地在城市中分布广泛，占地比重大，是城市普遍绿化的基础。其中，居住绿地和道路绿地是市民日常利用频率最高的绿地类型。

（5）区域绿地

区域绿地是指位于城市建设用地之外，具有城乡生态环境及自然资源和文化资源保护、游憩健身、安全防护隔离物种保护、园林苗木生产等功能的绿地，这类不参与建设用地汇总，不包括耕地。

这五大类绿地由于建设标准、绿地覆盖性、在城市中的建设位置、服务功能、养护管理水平，以及在城市碳排和碳汇过程中发挥的作用效益等因素中不尽相同，进而一方面在区域尺度上影响了城市绿地系统的布局，另一方面在城市绿地本身各要素角度上，如绿地、水体、建筑的用地分配上，对城市的碳循环产生影响。

1.3.4 规划设计流程

在本书后续章节中将逐步介绍低碳增汇景观的具体规划设计流程，阐述系统全面的低碳增汇景观实践知识体系，同时建立定量为主的城市绿地循证式实践和优化观念，使读者了解各类型实践的低碳增汇景观实施方法，并能够针对不同类型的景观规划设计制定完善的低碳增汇实施方案。

具体的规划设计流程逻辑框架如图1-1所示。

在进行规划设计前，首先要对景观进行现状碳汇与碳排能力的评估，识别出场地目前面对的问题，进而根据前期分析以低碳增汇景观设计的目标和原则及提出具有个性化的规划方针。

基于规划方针进行进一步的城市绿地规划设计，首先在全生命周期阶段，要考虑到规划设计、植物专项和运营维护三个方面，然后结合绿地的3个尺度和5个分类进行有针对性的设计，并根据全物质类型要素选择合适的低碳增汇景观技术。

在规划设计方案制定完善后进行低碳增汇行动的实施、运营与管理，并及时对其实施效果进行评估。最后还要对建设后的低碳增汇景观进行全生命周期评价，利用评价结果反馈到前几个步骤中，进行目标的修正与方案的优化，并对不符合时代与政策要求或未达到预期标准的景观进行更新与改造。

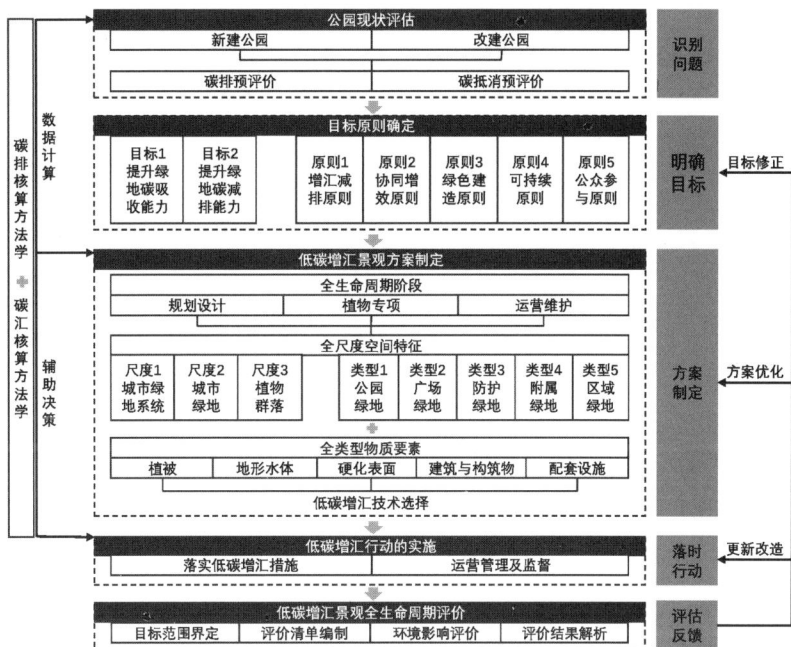

图1-1 低碳增汇景观规划设计框架

思考题

1. 低碳增汇景观这一概念产生的背景是什么?
2. 结合我国国情谈谈营建低碳增汇景观对有什么具体意义?
3. 低碳增汇景观规划设计的具体流程是怎样的?

延伸阅读

1. 王云才. 景观生态规划原理[M]. 3版. 北京：中国建筑工业出版社，2023.
2. 张浪，等. 绿地生态技术导论[M]. 北京：中国建筑工业出版社，2017.
3. 段晓梅. 城乡绿地系统规划[M]. 北京：中国建筑工业出版社，2017.

参考文献

［1］ 陶希东. 建设韧性城市：应对极端气候的重要策略[J]. 人民论坛，2023（15）：62-65.
［2］ 陈睿山，陈丹，王云. 风景园林应对气候变化的创新路径[J]. 华中农业大学学报，2023，42（4）：23-31.
［3］ 邹兵. 增量规划向存量规划转型：理论解析与实践应对[J]. 城市规划学刊，2015（5）：12-19.
［4］ 马嘉，于淼，陈颖，等. 北京市城乡存量绿地更新的路径框架与介入场景[J]. 城市发展研究，2023，30（2）：63-69.

［5］柴子华. 双碳目标下工业废弃地邯郸钢铁厂低碳景观设计研究[D]. 秦皇岛：燕山大学，2023.

［6］李凤霞. 西安城市绿地生态效益评价体系及价值估算研究[D]. 西安：西安建筑科技大学，2018.

［7］罗明，刘世梁，高岩，等. 基于自然的解决方案（NbS）理念在北方防沙带生态屏障建设中的应用[J/OL]. 生态学报，2024（8）：1-11.

［8］TISENKOPFS T, IMRE K, MICHAL L, et al. Rebuilding and Failing Collectivity: Specific Challenges for Collective Farmers Marketing Initiatives in Post-Socialist Countries[J]. International Journal of Sociology of Agriculture & Food, 2011, 18(1): 70-88.

［9］王思思，侯爽. 基于自然的解决方案在城市水管理方面的研究进展[J]. 中国给水排水，2021，37（24）：25-33.

［10］COHEN S E, WALTERS G, MAGINNIS S, et al. Nature-based Solutions to address global societal challenges[M]. Gland: IUCN, 2016.

［11］刘增文，李雅素，李文华. 关于生态系统概念的讨论[J]. 西北农林科技大学学报（自然科学版），2003，31（6）：204-208.

［12］DAILY G C. Nature's services: societal dependence on natural ecosystems[M]. Washington DC: Island Press, 1997: 12-8.

［13］李锋，王如松. 城市绿地系统的生态服务功能评价、规划与预测研究——以扬州市为例[J]. 生态学报，2003，23（9）：1929-1936.（6）：112-119.

［14］王邵慧，杨广斌，许崇强，等. 山地城市绿地生态系统服务价值评估——以遵义市中心城区为例[J]. 环境保护科学，2023，49.

［15］杨思嘉. 生态服务功能理念下城市绿地系统综合评价研究[D]. 合肥：安徽建筑大学，2024.

［16］陈利顶，李秀珍，傅伯杰，等. 中国景观生态学发展历程与未来研究重点[J]. 生态学报，2014，34（12）：3129-3141.

［17］辛章平，张银太. 低碳经济与低碳城市[J]. 城市发展研究，2008，15（4）：98-102.

［18］吴雅. 低碳城市建设的演变规律及提升路径设计研究[D]. 重庆：重庆大学，2019.

［19］杨阳，赵红红. 低碳园林相关理论研究的现状与思考[J]. 风景园林，2015（2）：112-117.

［20］刘晓明，赵彩君. 国际风景园林师联合会（IFLA）通讯第75期2008年3月[J]. 中国园林，2008（6）：32-38.

［21］涂秋风. 低碳与城市园林[M]. 北京：中国建筑工业出版社，2012.

［22］王贞，万敏. 低碳风景园林营造的功能特点及要则探讨[J]. 中国园林，2010（6）：35-38.

［23］DANG H, LI J, ZHANG Y, et al. Evaluation of the Equity and Regional Management of Some Urban Green Space Ecosystem Services: A Case Study of Main Urban Area of Xi'an City[J]. Forests, 2021, 12(7): 813.

［24］CRAIG P. The carbon landscape[J]. Topos, 2007, 61: 86-89.

［25］MICHAEL, W, STROHBACH, et al. The carbon footprint of urban green space—A life cycle approach[J]. Landscape and Urban Planning, 2012.

［26］HYUN-K J. Impacts of urban greenspace on offsetting carbon emissions for middle Korea [J]. Environmental Management, 2002, 64: 115-126.

［27］付允，马永欢，刘怡君，等. 低碳经济的发展模式研究[J]. 中国人口、资源与环境，2008，18（3）：14-19.

［28］李树华. 共生、循环：低碳经济社会背景下城市园林绿地建设的基本思路[J]. 中国园林，2010（6）：19-22.

［29］赵彩君，刘晓明. 城市绿地系统对于低碳城市的作用[J]. 中国园林，2010（6）：23-26.

［30］刘长松. 气候变化背景下风景园林的功能定位及应对策略[J]. 风景园林，2020，27（12）：

75-79.

［31］中国环境科学学会. 碳中和公园实施指南：T/CSES 116—2023[S]. 2023.

［32］董丽. 风景园林植物景观在人居环境建设中的作用[J]. 风景园林，2012，22（5）：56-59.

［33］刘小敏. 低碳景观设计理论与方法的研究[D]. 咸阳：西北农林科技大学，2014.

［34］王克强，石忆邵，刘红梅，等. 城市规划原理[M]. 3版. 上海：上海财经大学出版社. 2015.

［35］住房和城乡建设部，国家市场监督管理总局. 城市绿地规划标准：GB/T 51346—2019[S]. 北京：中国建筑工业出版社，2019.

［36］檀文迪，高一帆. 景观设计[M]. 北京：清华大学出版社. 2015.

［37］住房和城乡建设部. 城市绿地分类标准：CJJ/T85—2017[S]. 北京：中国建筑工业出版社，2017.

第 2 章

低碳增汇景观的规划设计原理

【本章提要】"碳中和"目标为风景园林带来了全新的机遇和挑战，本章聚焦景观增汇和减排两个核心功能，解释和阐述碳循环在景观规划设计中的作用原理。本章将从景观的3个维度，即城市绿地系统、城市绿地以及植物群落来进行碳循环原理的探讨。学习这些不同的过程机制和原理，有助于全面理解后续低碳增汇景观规划设计的实现途径，为日后的设计实践提供深入且全面的理论指导。

2.1 城市绿地系统的低碳增汇原理

2.1.1 碳循环过程

碳是构成有机化合物的基础元素，地球上所有有机物都含有碳元素，碳以独特的方式在生物库和非生物库中循环流动，构成了地球上的"碳循环"（图2-1）。碳元素以不同形式存在于地球的大气圈、水圈、岩石圈和生物圈中，这4圈也是地球上的4个碳储存库，其中的碳在不同碳库中循环流动。

大气中的碳主要以CO_2存在，也包括甲烷（CH_4）、氯氟碳化合物（CFCs）等气体。碳主要通过动植物的呼吸作用、动植物尸体腐败、有机材料燃烧、海水溶解CO_2和火山活动等5种方式和途径进入大气；同时，碳又可以通过植物光合作用、海洋吸收、硅酸盐岩石风化等方式从大气脱离。在水中，大部分碳以碳酸氢根离子形式存在，大气和海洋中的碳随时处于交换状态，溶解在水中的CO_2可被海洋生物利用进入生物圈，也可在一定条件下重返大气圈。岩石圈中的碳以$CaCO_3$形式存在于天然矿物中。在生物圈，碳通过自养生物从其他非生物库流入生物圈，碳也可从生物圈进入岩石圈，通过沉积作

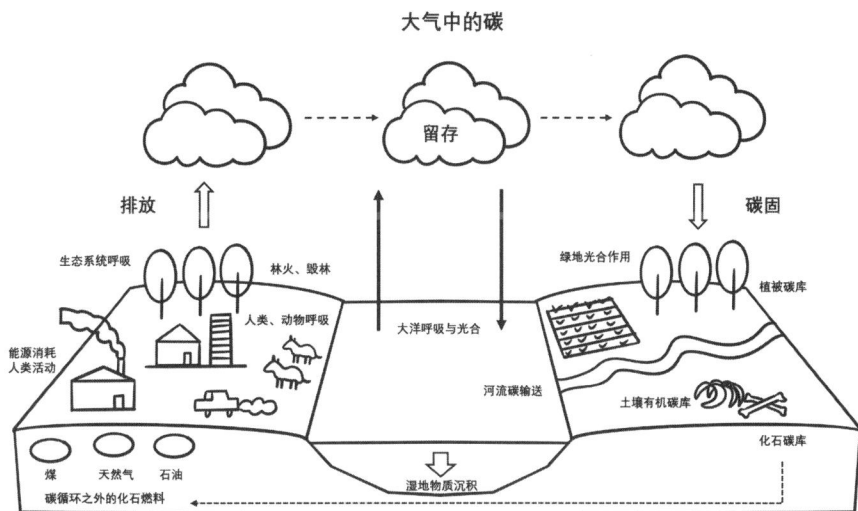

图2-1　城市碳循环过程

用变成石灰石。

碳循环过程复杂而周密，保证了生物圈乃至整个地球的平衡发展。代谢是循环的关键环节，遵从生物、物理、化学变化规律，共同促进了物质循环和生命的延续[1]。地球碳循环中的碳和氨、磷等物质的代谢与流动构成了生物地球化学循环。

城市绿地系统参与城市系统碳循环的过程。作为"自然—经济—社会复合系统"，城市系统碳循环过程与自然生态系统明显不同，因此，需要从整体上认识城市系统的碳过程特征，综合考虑城市化石燃料排放的潜在驱动力以及生物碳源/汇，并从不同尺度来研究城市系统的自然过程和社会经济过程及其相互作用，才能更好地理解城市绿地系统低碳增汇的原理。

受人为活动的影响，城市绿地系统参与的碳循环具有明显的"自然—社会"双属性特征，总体而言这是一个包括自然和人工过程、水平和垂直过程、地表和地下过程、经济和社会过程在内的复杂系统，与自然生态系统碳循环有着本质区别。

其主要特征如下：

（1）城市绿地系统与外界有着巨大的碳交换。其碳循环过程涵盖城市大部分区域，甚至影响到更大区域的生物地球化学过程，其影响的空间范围主要取决于城市碳通量大小。

（2）城市绿地系统碳过程包括自然和人为过程，以自然过程为主；城市人工部分的碳过程主要受人为因素的影响，而自然部分的碳过程主要受自然过程控制。

（3）城市绿地系统碳循环包括水平和垂直碳通量两部分。水平碳通量以能源消耗、含碳产品、废弃物和地下管网的溶解碳的输送为主，垂直碳通量既有人为过程，也有自然过程（植物和土壤等的呼吸作用）。

（4）受人类建设活动影响，城市绿地系统具有大量的人为碳库，如城市绿化植被、绿地建筑物和的碳储存（如建筑木材、室外家具）等。

此外，从城市社会、经济的角度出发，可以将城市绿地系统看作一个具有特定功能、格局和作用的复合体。生活方式和出行等是城市绿地系统提供给居民的主要功能，这些功能的发挥必然会带来城市碳排放，其强度受城市格局和作用的影响。而城市绿地系统的功能、格局、作用会随着区域需求和经济竞争等社会因素的改变而改变，这会进一步对城市碳循环过程造成影响。

2.1.2 城市绿地系统碳汇

植被是陆地生物圈的主体，在全球物质与能量循环中起着重要作用，尤其是在调节全球碳平衡、减缓大气中温室气体浓度上升、减少水土流失以及及维护全球气候稳定等方面具有不可替代的作用。从物质生产和净物质积累的视角出发，通常采用植被净初级生产力（Net Primary Productivity，NPP）来表征城市绿地系统的碳汇。

植被净初级生产力（NPP）是指植被经光合作用产生的有机物扣除植被用于自身呼吸消耗所剩余的部分。植被NPP作为表征植被生产和固碳能力的重要指标，相关的研究表明，植被NPP更多地取决于夏季光合作用的峰值，在气候变化和人类活动的背景下尤为重要[2]。

植物通过光合作用将大气中的CO_2转化为有机物质，这一过程促进了碳的固定和储存，同时，固定的碳部分存储在植物体内，而另一部分则通过根系进入土壤，成为土壤有机碳的一部分，这些碳在植物和土壤中形成了长期的碳储存库，有助于减轻大气中的温室气体浓度。此外，植物的根系也能够促进土壤微生物的活动，加速有机碳的分解和转化，增加土壤中的碳储存量。

因此，随着绿地覆盖的增加，引入的更多植物能够进一步提高CO_2的吸收能力，从而增加景观中的碳汇效益。

2.1.3　城市绿地系统碳排

城市绿地系统碳排通常分为直接碳排和间接碳排两个方面。

1）直接碳排

直接碳排放显著受土地利用性质的影响，因为不同的土地利用类型具有不同的碳储存能力。城市绿地系统中的土地利用变化，特别是绿地向非绿地的转变，是导致区域碳排放增加的主要因素之一。

碳储量（Carbon Stock）即碳的储备量、碳的封存量，通常指一个碳库（森林、海洋、土地等）中碳的数量。碳密度即为单位面积的碳储量。

碳储量变化（Carbon Stock Change）碳库中的碳储量由于碳增加与碳损失之间的差别而发生的变化。当损失大于增加时，碳储量变小，因而该碳库为碳源；当损失小于增加时，该碳库为碳汇[3]。

土地利用（Land Use）是指人类在土地上进行的生产生活和社会经济等一切活动，包括人类从土地上获取生产所需的物质资源，以及间接利用土地获取服务的过程[4]。土地利用碳排放则是指人类生产生活等行为对土地的开发利用，引起土地利用方式和结构的改变产生CO_2等温室气体，从而影响生态系统碳循环的过程[5]。

根据联合国政府间气候变化专门委员会IPCC分类标准，土地利用直接碳排放分为土地利用类型保持和转换两类碳排放。土地利用类型保持碳排放是指农地休耕轮作、草场退化、种植制度改革等土地利用管理方式变化产生的排放；土地利用类型转换碳排放是指围湖造田、建设用地扩张、退耕还林等土地利用类型变化产生的排放。土地利用是城市各种人类活动的直接体现和反映，城市社会经济活动复杂多样，不同土地利用方式的碳储量及碳通量的强度、方向和规模也存在差异。土地利用变化可以通过改变生态系统的结构（物种组成、生物量）和功能（生物多样性，能量平衡、碳、氮、水循环等）来影响生态系统碳循环过程[6]。从而进一步影响城市碳排放与碳储量。

由于碳储量存在差异，城市中不同用地类型碳源与碳汇的属性不同，一般而言，具有更多植被覆盖和生物量的土地利用类型，如城市绿地系统，其碳排较低而碳密度和碳封存量往往较高，因为植物通过光合作用吸收CO_2，并将其转化为有机碳，同时在土壤中贮存一部分有机碳。因此，森林、草地等自然生态系统通常具有较低的碳排放以及较高的碳密度和碳封存量。

相反，城市建设区域由于建筑物和硬质覆盖等因素，植被覆盖较少，土壤有机质含量较低，导致其碳排放较高，而碳密度和碳封存量相对较低。例如，由于耕地兼有植被覆盖带来的碳封存过程与农业活动导致的碳排放过程，因此同时具有碳源和碳汇特征；林地、草地、水域和未利用地以吸收和固定碳元素为主要特征，因而表现为碳汇属性；而工业用地、交通用地和其他城镇用地因其承载的高强度人类活动而被视为碳源属性[7]。

了解城市绿地系统中不同土地利用方式以及土地利用性质的变化，并将碳储量和碳通量分解落实到不同的利用过程中，对于进一步研究城市绿地系统碳循环过程对土地利用变化的响应具有重要意义。综上所述，在城市绿化和景观改造中，增加绿地覆盖和引入更多植物可以有效地提高碳密度和碳封存量，促进碳汇过程，为实现低碳增汇景观的设计目标提供重要支持。

2）间接碳排

间接碳排主要受绿地布局的影响，其减排机制与原理则在于通过通风减排、降温增湿以及绿色出行导向下的绿地空间布局与植物选用等手段，通过优化城市绿地空间布局，促进自然通风和空气流动，调节城市热岛效应，鼓励居民选择绿色出行方式，减少机动车出行以及空调使用，以及选择适应当地气候环境的树种，增加碳吸收和固定效率从而降低碳排放。

在格局尺度上借助城市中公园绿地的均衡布局，可以提升就近出游率、减少机动车出行，此外都市农业、都市花园等新型绿地，还可以减少食品、花卉等植物产品的运输距离，削减交通运输产生的碳排。

合理布局绿道、步行道和自行车道，可以鼓励居民选择绿色出行方式，如步行、骑行等。这样不仅可以减少汽车尾气排放，还有助于锻炼身体，改善居民的健康状况。同时，通过提供更多的绿色交通选择，减少了对汽车等高碳交通工具的依赖，降低了城市的交通排放，有利于减少碳排放。

此外，城市中的景观绿地有助于形成碳汇网络，提高碳汇的整体效益，通过建立城市绿化带、生态廊道等绿地连接系统，可以将分散的碳汇连接起来，形成完整的碳汇网络，这样的碳汇网络不仅能够提高碳吸收和固定的效率，还可以增加城市生态系统的稳定性和抗干扰能力，提高城市居民的慢出行（低碳出行）率，间接降低了城市碳排，为构建低碳城市提供坚实的基础，从而间接减少了碳排。

2.1.4 低碳增汇景观空间布局原理

碳源是排放CO_2等温室气体的来源，例如工厂、交通运输和居民生活等。如果城市中碳源的分布不合理，例如工业区、交通枢纽等集中在城市中心或者大量散布在城市周边，将导致高浓度的碳排放。这会对城市周围的碳汇形成负面影响，周围的植被无法充分吸收和储存这么高水平的排放。

而城市中自然生态系统，如林地、湿地和草地等，是重要的碳汇。如果这些地区受到碳源污染或城市扩张的威胁，它们的碳吸收能力可能会受到损害。因此，保护城市内和周围的碳汇区域，防止其被开发或污染，对于维持城市的碳汇能力至关重要。

城市景观绿地可以调节城市碳源和碳汇的空间分布。绿地作为碳汇，能够吸收和固定大量的碳，从而有效地降低大气中的CO_2浓度，减缓气候变化。通过在城市中增加绿地覆盖率，可以有效地削减碳源的释放，减少大气中的碳排放量。合理布局碳源和碳汇空间可以优化景观碳汇效益。将景观绿地布置在城市碳排放源附近，可以最大程度地吸收和固定排放出的碳，有效减少碳排放对环境的影响，保护和维护碳汇的功能和稳定性。

因此，对城市绿地系统进行有效规划，是实现景观绿地碳汇效益的重要机制之一。通过优化城市绿地系统结构和布局，可以最大程度地提高碳汇效益，促进城市可持续发展。

在城市绿地分布格局的理论中，"三源绿地"模式是目前受到广泛认可的碳源碳汇空间布局模式：指在城市绿地空间分布中，由"氧源绿地""近源绿地"与"碳源绿地"三种低碳布局模式向结合组成的空间布局模式。考虑碳排、碳汇和碳储存的综合效益，该模式作为实现低碳增汇的宏观策略，能够有效提升城市碳汇效益，缓解气候变化带来的负面影响。

氧源绿地（图2-2a）指主要为城市碳源提供释氧固碳、滞尘等功能的大型绿地分布模式，特点是主要分布在城市中心区周边，处于城市上风向，分布面积较大，分布种类多为乔灌木，集中布局[14]。

| （a）氧源绿地分布示意图 | （b）碳源绿地分布示意图 | （c）近源绿地分布示意图 |

图2-2　三源绿地分布示意图

碳源绿地（图2-2b）即吸收城市郊区碳源的碳汇绿地，其模式主要是指在靠近碳排放较大的功能区分布固碳能力强的植被的布局模式，其特点是紧邻城市功能区下风向，集中布置[14]。

近源绿地（图2-2c）指分布在城市建成区范围内，采取点状-带状相结合的方式布置绿地的模式，其分布特点是"大范围分散，小范围集聚"，规模大小依照城市中心区变化而变化[14]。

在碳汇布局方面，采用"三源绿地"碳汇空间布局，即在城市外围布置大面积氧源绿地与碳源绿地，各类型碳源空间之间布置不同程度近源绿地，碳源碳汇空间相互结合，相辅相成，共建城市低碳空间。"三源绿地"城市空间布局模式主要是在植物生长季以主导风向为主的气候条件下，采取在城市外围上风向大范围建设带状氧源绿地，以保证城市主体固碳释氧功能；在城市郊区下风向建设吸收碳源的碳汇绿地，起到吸收城市整体碳排放功能；在城市建成区建设以绿带、绿心相结合的碳汇绿地，以"大分散，小聚集"发展模式进行空间布局，达到吸收城市建成区产生的碳排放功能[8]。

由于碳汇绿地的种类众多，所能够固碳的能力也略有不同，根据植被类型的不同，主要考虑固碳能力强的绿地植被布置在能源碳排量较高的地区，可以有针对性地优化城市整体碳汇空间布局的目的，又在一定程度上抑制碳排放量高的区域影响整个大气环境，这种碳汇绿地布局模式在城市空间布局中的应用可以为城市碳源碳汇平衡的达到提供基础贡献。

"三源绿地"作为一种综合性的绿地设计策略，可以同时减少碳排放、增加碳吸收和促进碳储存，是实现低碳增汇的重要途径之一。由此可见，通过合理规划和布局城市中的碳源和碳汇空间，可以最大限度地发挥其碳汇和生态功能，为构建可持续发展的城市环境作出积极贡献。

2.2.1 城市绿地碳汇

1）植物碳汇

城市植被碳汇主要包括城市森林、草地以及城市建成区内部的公园、林木、行道树、草地等植被碳库。城市绿地植被的生产力的大小，直接影响了城市绿地的碳汇能力。例如公园绿地植物碳汇以复层混交林、疏林草地为主；碳汇能力较强的大型防护绿地与区域绿地植物碳汇多来源于密林、自然林地、湿地等。

绿地面积、树种组成结构、群落垂直结构、群落水平结构等因素都会影响植物碳汇，不同类型的植物碳汇能力差异也较大。生物多样性高的植物群落既有益于提高自身碳汇，同时也能提高土壤的碳汇能力。在城市中的景观绿地中，不同结构的植物群落对碳有着不同的吸收能力，其作用机制影响绿地的碳汇能力。

值得注意的是，各类乔木和灌木树种（包括木本花卉）作为主要绿化材料，与草本植物相比，树木的绿化效果好、生态功能强，但是比草本植物的生长周期长，要达到最佳的生态功能效果需要经过多年的培育才行。而且，碳汇效益高的植物景观可能也会造成养护阶段的高碳排放，过于强调营造植物多样性、高密度的植物景观和立体绿化等设计措施，会在一定程度上增加需水量、养护投入和废弃物再利用的处理流程，可能会带来较高的碳排量。

因此树种规划的质量和水平显得非常重要。在城市绿地中，打造近自然林地可以更大程度地保证绿植的成活率，使其不仅能够适应自然环境、降低种植与管理成本，还可以发挥植被自身最大的生态效益。

2）水域碳汇

城市水域碳库主要包括城市河流、湖泊、水库和湿地等。

在景观中，水域也指湿地，湿地是重要的生态系统，具有不可替代的重要功能。它不仅可以直接或间接地为人类提供各种产品和服务，还具有许多环境功能，如保护生物多样性、降解污染、控制侵蚀等。

水域碳汇指湿地植物通过光合作用吸收大气中的CO_2，并在微生物活动相对较弱的湿地中积累，根、茎、叶、果实枯萎，形成由动植物残体和水组成的泥炭。由于泥炭中过饱和水的厌氧特性，从植物残渣中分解和释放CO_2的过程非常缓慢，从而有效地固定了植物残渣中的大部分碳。

水域碳汇的作用原理可以分为两个方面：一方面，水体自身会溶解一部分碳；另一方面，水体中的藻类、水生生物等有机物质也含有一定的有机碳；同时，河流和湖泊的底泥中也沉积了大量由死亡生物遗体堆积形成的有机或无机碳。

进一步可以理解为以下四个原理：

溶解态CO₂：水体中的CO_2会与水发生溶解反应，形成碳酸和碳酸盐，使得CO_2以溶解态存在于水中。这种溶解态的CO_2是水体中碳的主要形式之一。

生物固定：水体中的植物和浮游生物通过光合作用吸收CO_2，并将其转化为有机物质，如藻类、水草等生物体内的有机碳。这些有机物质在生物体内或者沉积在水底，形成生物碳汇。

沉降和沉积：水体中的有机碳、颗粒有机物质和底泥中的有机物质会随着水流的运动逐渐沉降至水底，形成沉积物。这些沉积物中包含了大量的有机碳，是水体碳储存的重要形式之一。

物理溶解：除了CO_2以外，水体还可以溶解其他形式的有机碳和无机碳，如溶解态有机碳和碳酸钙等，这些物质的溶解也是水体碳汇的一部分。

在城市绿地中，这些机制共同作用，使得水体成为重要的碳储存库之一，对整个城市绿地系统碳循环起着重要的调节作用。

3）土壤碳汇

土壤（特别是地表100cm深土壤）碳汇是区域最大的有机碳库。按照城市地表覆被状况，城市土壤碳库主要包括：农用地土壤碳、林地土壤碳、城市绿化用地土壤碳、草地土壤碳和硬化地面的土壤碳等。

土壤碳汇（Soil Carbon Sink）是指大气CO_2以稳定固体的形式被直接或间接储存到土壤中，包括直接将CO_2转化为土壤无机物，或间接通过植物光合作用将大气CO_2转化为植物能量，并在分解过程中被固定为土壤有机碳。

土壤碳汇包括土壤有机碳汇、土壤无机碳汇两种形式。当前土壤碳汇研究和管理实践的重点是土壤有机碳汇，原因是无机碳库更新时间更长，与大气成分进行活性交换的主要是土壤有机碳。土壤里的有机碳最初都来源于大气，植物先通过光合作用将CO_2转化为有机物质，然后有机里的碳通过根系分泌物、死根系或者残枝落叶的形式进入土壤，并在土壤中微生物的作用下，转变为土壤有机质存储在土壤中，形成土壤碳汇。简单来说就是土壤可以通过植物从大气中吸收、转化、存储CO_2。但是土壤具有生命力，也会呼吸，即土壤中存在的大量微生物和植物根系都能够通过呼吸作用排出CO_2[9]。

土壤碳储量高出植被碳储量数倍，是城市绿地固碳的主要途径[10]。城市绿地建造时间的长短对土壤碳储量有较大的影响。一般来说，建造时间越长、群落郁闭度越高，林下土壤环境越有利于土壤碳储量增加[10]。除此之外，土壤碳汇能力也受到植被类型的影响，如前文所讲，不同种类的植物群落对碳的捕获能力不同，因此其生长的土壤碳汇能力也随之不同。然而目前

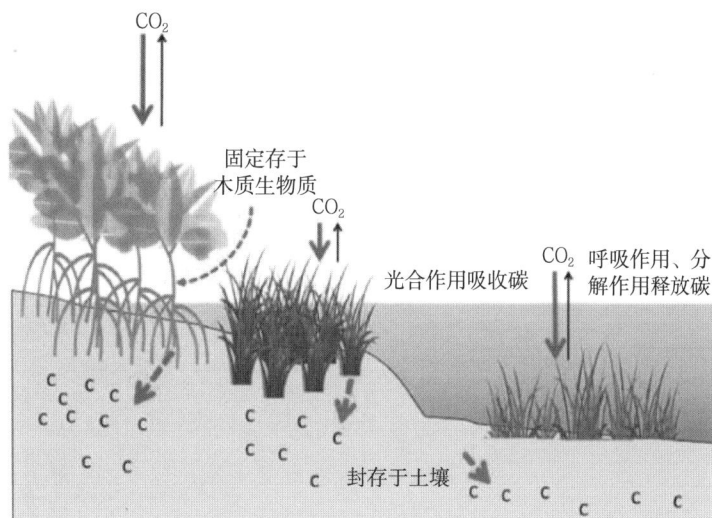

图2-3 植物、水域、土壤三种碳汇模式

较多的碳汇研究主要关注园林植物和水体，土壤碳汇仍具有较大探索空间，需要引起更多的重视。

植物、水域、土壤三种碳汇的碳循环模式如图2-3所示。

2.2.2 城市绿地碳排

与城市绿地系统碳排相似，城市绿地碳排放也可以分为直接碳排和间接碳排两个方面。

1）直接碳排

在直接碳排方面，其作用原理主要在于园林绿地的施工与运维阶段，绿地规划设计作为先行者，对于绿地后期的建造和管理具有某种程度上的决定作用。建筑原材料的生产作为隐性碳排对城市绿地全生命周期碳排放的核算也存在一定的影响。

针对园林绿地的全生命周期（图2-4）碳足迹采取的不同措施，其直接减排的作用机制也不尽相同，可以从以下3个方面进行简述。

在方案设计阶段，古代造园者提及的"相地合宜""土方就地平衡"和"极尽自然之美，少费人事之功"在当今碳中和园林的建设中尤其适用，在建设中尊重场地原本地形地貌条件，能够有效提升资源利用率，减少过度改造带来的不必要的碳排放[11]。同时，在绿地中设计自洽的循环收集系统也能够一定程度上保障景观水体的自洁能力，降低外部系统的碳排。

在施工建造阶段，利用场地内现有材料、环保材料以及模块化单元，能

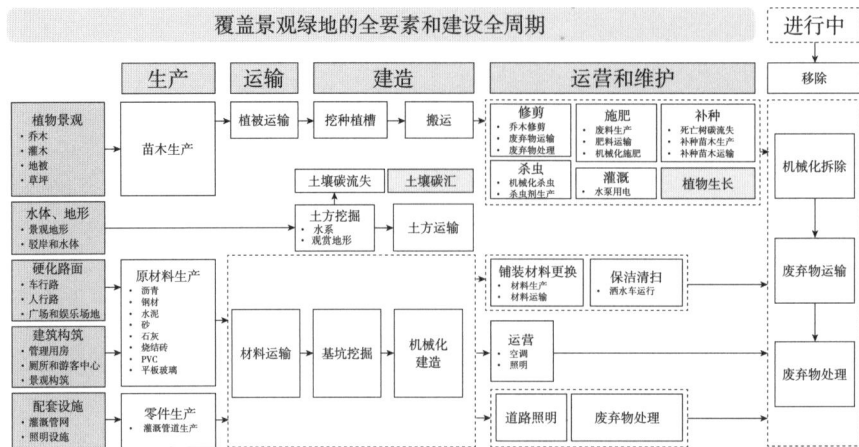

图2-4 低碳增汇景观绿地的全要素和建设全生命周期流程

够降低材料运输所产生的以及现场机械运行时的碳排放从而达到直接减排的目的。

在运营管理阶段，植物生长过程的粗放管理能实现更高的生物多样性和植物碳汇能力，降低植物维护所产生的碳排放；利用水生植物自主维护水质，能够减少人工养护造成的碳排；避免施用化学肥料后排放温室气体，同时有机肥能够促进植物和土壤的碳汇效益；注重循环利用可再生资源，尤其是园林废弃物，能够避免固碳释放。

2）间接碳排

在间接碳排方面，城市绿地能够降低周边建成环境的热岛效应，利用植物的蒸腾作用和遮阴作用实现环境降温，增加空气湿度、改善城市舒适度，吸引城市居民进行户外活动，减少人们对空调等能耗大的设备的需求，进而实现间接减少碳排放的作用。

合理的植物布局与树种选择，构成健康的植物群落，可以有效增加绿地的通风作用，在一定程度上促进城市空气循环流动，起到通风减排的作用。植物群落营建可以优化城市的通风系统，树木、灌木等植被可以形成屏障，引导和调节空气流动，促进空气的对流和交换，有助于将污染物、尾气等排放物稀释和带走，从而减少污染物浓度，降低了大气污染的程度。

不同种类的植物提供了各种不同的生境和资源，吸引了各种生物种类的栖息和生活，从而增加了生态群落的稳定性。这种多样性有利于维持生态平衡，促进生物之间的相互作用，维护生态系统的稳定性和健康，同时树木的根系和残枝落叶可以增加土壤的稳定性，防止土壤侵蚀和水土流失。此外，植物群落的生长也可以促进土壤的有机质积累和土壤微生物活动，改善土壤结构和肥力，提高土壤的水分保持能力，减少了农药和化肥的使用，从而减少了相关的碳排放。

利用绿地空间还能够宣传低碳理念，通过中心城区人流密集地带样板绿地/绿化的建设和宣传教育，可以推广低碳绿地/绿化的理念建设模式、相关技术和产品（如乡土植物的种子等），还能够在绿地中举办各种知识科普活动，结合绿地环境提供多元、直观且有吸引力的展示途径，促进低碳理念传播，鼓励低碳、健康的生活方式，倡导居民健康低碳行为，达到间接减排的目的。

2.3 植物群落的低碳增汇原理

2.3.1 植物群落碳汇

植物光合作用产生的碳汇是景观绿地直接增汇的最主要来源。

光合作用（Photosynthesis）是植物碳汇的核心，指植物通过叶子表面的叶绿体吸收光能，并将其转化为化学能的过程。同时，光合作用也是植物生长的基础过程之一，是维持地球生态平衡的核心机理，在这个过程中，植物通过光合作用从大气中吸收CO_2，将其转化为有机物体，同时释放氧气。

在光合作用过程中，植物将吸收的CO_2转化为葡萄糖和其他有机物体，这个过程被称为碳素转化，它是光合碳汇的另一个关键步骤。在碳素转化过程中，植物形成了大量的葡萄糖和其他有机物体，这些有机物体构成了植物细胞质，并作为固定的碳素在植物体内寄存，这个过程被称为碳素寄存。

植物光合作用吸收碳有两个主要途径。其一是叶片吸收：由叶片气孔吸收空气中的CO_2，经光合作用转化为碳水化合物组成农作物的内部组织和能量来源；其二是根部吸收：植物的根部也由土壤中的有机质直接吸收溶解于水的小分子有机碳元素，输入植物内部经电化学反应形成植物的内部组织和能量来源（图2-5）。

植物光合作用在低碳增汇景观中扮演着至关重要的角色，这一过程不仅直接增加了景观绿地的碳储量与碳汇效能，植物根系的根际碳释放和分泌物质还有助于土壤有机质的积累，进一步增强了碳的多维存储能力，改善了环境质量，促进了生态平衡的维护和城市可持续发展的实现。

此外，植物群落中植物种类不同，生长状况不同，植物光合作用能力和生物量不同，导致碳汇能力也不同。通常情况下，乔木碳汇能力远高于灌木、草本和藤本；深根性植物的碳汇能力更强；幼中龄植物生长快，碳汇能力强，但达到成熟期后碳汇能力减弱。

这从根本上取决于植物的生长速度和生物量积累能力。不同种类的树木

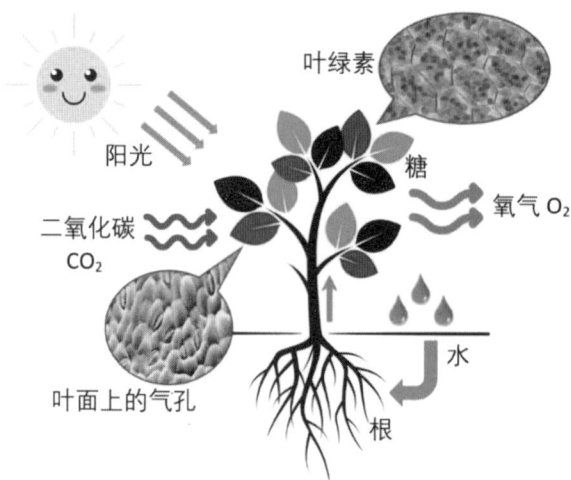

图2-5　光合作用过程示意图

具有不同的生长速度和生物量积累能力，一些树种具有较高的生长速度和较大的生物量增长潜力，而另一些树种生长速度较慢。

生物量增长的速度代表碳汇的能力，植物生长速度是影响其碳汇能力的关键因素之一，生物量的增长速度越快，植物就能更快地吸收大气中的CO_2，并将其转化为生物质。植物生长速度受到多种因素的影响，包括气候条件、土壤养分、水分供应、光照强度等。在有利的生长条件下，一些植物物种能够快速地增加生物量，从而提高碳汇能力。

一般而言，快速生长的树种具有更强的碳汇能力，因为它们在较短的时间内能够积累更多的生物质。这些树种通常被认为是更有效的碳汇来源，因为它们能够更快地将大气中的CO_2固定在植物组织中。通常包括一些落叶树种（如桦树、杨树）和针叶树种（如松树、杉树），它们在适宜的环境条件下能够快速地增加生物量，并且具有较高的碳汇能力。

此外，日平均固碳能力还受到植物群落配置种类的影响，通常从高到低排列为：乔灌草组合、乔灌组合、乔草组合、单独乔木、灌草组合、单独灌木、单独草本[12]。因此，在一定绿地面积的情况下，要想发挥植物最优的生态功效，在布局中就需要考虑树种的选择以及种植的密度、植物覆盖种类的合理搭配等等多方面的因素，并根据CO_2的空间分布进行绿地的优化布局[12]。

2.3.2　植物群落碳排

植物群落的碳排主要来源于生物的呼吸作用与有机物的分解。

植物呼吸是指植物在有氧条件下，将有机化合物氧化，产生CO_2和水的过程。植物虽靠光合作用提供能量形成有机物，但非绿色部分（以及处于黑暗中的绿色部分）都是通过呼吸作用，将光合产物中的化学能释放出来。呼吸速率因植物种类、发育时期和生理状态而异。幼嫩的、旺盛生长着的组织呼吸速率高，长成的和衰老的组织呼吸速率低，影响呼吸速率最显著的环境因素有温度、大气成分、水分和光照等。但由于植物白天还会进行光合作用，其呼吸产生的CO_2会被其抵消，因此几乎可以忽略不计。

此外，植物群落中树种的选用对碳排也有一定的影响，乡土树种的利用能够直接减少景观中的碳排放。一方面，选用乡土树种以及低碳管养方式可以减少对化肥、农药等化学品的使用，传统的树种管理可能会使用大量的化学品，这些化学品在生产、运输和使用过程中会产生大量的碳排放，而乡土树种通常对环境适应性强，抗逆性高，相对于引种树种，它们在生长过程中通常不需要大量的化学品进行管理，从而减少了相关的碳排放。适应性强的乡土树种还可以降低绿地的运维成本和能耗，乡土树种通常生长周期长，生长速度慢，对水分和养分的需求较低，相比之下，引种树种可能需要更多的水分和养分，因此需要更多的灌溉和施肥，从而增加了能耗。

另一方面，设计种植乡土树种还可以减少对外地引种树苗的需求，降低了树苗的运输距离和相关的碳排放，由于乡土树种本地常见，可以在本地进行苗木培育和栽种，避免了对外地苗木的运输，减少了运输过程中的碳排放。刻意选择异地物种，不仅在搬移过程中增加了碳的排放量，并伴随有噪声、额外仓储空间等一系列问题，而且在种植使用后，受环境适宜度的影响也需要配合较高强度的管护内容，管护期也较乡土植物长，从而带来持续不断的CO_2排放[13]。

思考题

1. 在解释低碳增汇景观原理时，可以分为哪几个层级，每个层级中又包含什么内容？
2. 城市绿地在城市系统碳循环中扮演着怎样的角色？
3. 碳源碳汇空间的分布是怎样影响城市碳循环的？

延伸阅读

1. 秦耀辰. 低碳城市研究的模型与方法[M]. 北京：科学出版社，2013.
2. 赵荣钦. 城市系统碳循环及土地调控研究[M]. 南京：南京大学出版社，2012.

参考文献

[1] 秦耀辰. 低碳城市研究的模型与方法[M]. 北京：科学出版社，2013.06.

[2] 刘海新，孔俊杰，孙振宇，等. 京津冀植被NPP时空演变及驱动因素探究[J]. 华北水利水电大学学报（自然科学版），2023.11.

[3] 石羽. 辽中城市群碳源碳汇空间格局优化研究[D]. 天津：天津大学，2017.

[4] 李寒冰，金晓斌，吴可，等. 土地利用系统对区域可持续发展的支撑力评价：方法与实证[J]. 自然资源学报，2022，37（1）：166-185.

[5] 韩骥，周翔，象伟宁. 土地利用碳排放效应及其低碳管理研究进展[J]. 生态学报，2016，36（4）：1152-1161.

[6] 陈广生，田汉勤. 土地利用/覆盖变化对陆地生态系统碳循环的影响[J]. 植物生态学报，2007（2）：189-204.

[7] 王诗逸. 土地利用变化与碳代谢的驱动和响应关系研究[D]. 杭州：浙江大学，2023.

[8] 徐婷婷. 基于碳源碳汇分布的城市空间低碳布局优化研究[D]. 沈阳：沈阳建筑大学，2018.

[9] 宗芮. 基于碳汇绩效的西安市域绿地系统空间布局模式研究[D]. 西安：西安建筑科技大学，2018.

[10] 李倞，吴佳鸣，汪文清. 碳中和目标下的风景园林规划设计策略[J]. 风景园林，2022，29（5）：45-51.

[11] 沈清基，洪治中，安纳. 论设计气候效应：兼论气候变化下的设计应对策略[J]. 风景园林，2020，27（12）：26-31.

[12] 时泳. 基于CO_2扩散模拟的沈北新区绿地空间布局优化研究[D]. 沈阳：沈阳建筑大学，2019.

[13] 王洪成. 探索城市生态修复的低碳园林途径[J]. 风景园林，2017（11）：80-85.

[14] 付士磊，宫琪，徐婷婷. 基于碳汇理论的沈阳城市"三源绿地"构建方法[J]. 辽宁林业科技，2016（1）：5-8.

第 3 章

低碳增汇景观现状评价

【**本章提要**】低碳园林景观设计可以降低碳排放，提高城市绿色覆盖率，还可以提高城市居民的生活质量，创造一个更加健康、舒适的生活环境。为低碳景观规划设计形成完整高效的评价体系，能够在调研准备阶段摸清现状、识别关键问题。本章首先明确评价低碳增汇景观现状评价目标。再提出部分可作为重点评价内容的参考指标以及这些指标与碳汇能力的相关性，进而介绍了评价数据类型及其采集方式。获取数据后，还需依据评价目标和范围科学选择低碳增汇景观的评价技术和方法进行下一步处理和分析，最终得出结论。

3.1 评价目标

在全球范围内，碳排放量逐年增加，温室气体对环境的影响日益显著。为了应对这一挑战，我国提出了"碳达峰、碳中和"的目标，即在2030年左右达到碳排放量的峰值，并在2060年左右实现碳中和。低碳增汇景观作为绿色低碳发展的重要组成部分，具有多重意义。以低碳理念为指导，就是要将城市绿地系统（蓝绿系统）做到碳排放的总量最小，并且更加有效地增加植物的碳汇能力。在缓解城市环境压力，改善城市的气候条件下，维持城市生态系统平衡，较好地满足城镇居民户外休闲的需要，符合卫生和安全保障、防灾、城市景观的要求[1]。

低碳增汇景观可以降低碳排放，提高城市绿色覆盖率，减缓全球气候变暖的趋势，还可以提高城市居民的生活质量，为人们创造一个更加健康、舒适的生活环境[2]。低碳增汇景观及其现状评价应坚持以尊重自然、顺应自然、保护自然为目标，坚持节约优先、保护优先、自然恢复为主的原则，守住自然生态安全边界，全面系统地实施低碳理念[3]。

因此，形成完整且高效的低碳增汇景观评价体系，能够帮助在调研准备阶段详细了解现状并识别关键问题。对于新建景观，应确立建设目标，并通过在低碳理念的指导下进行设计和完善，以实现碳汇效能的最大化。对于需要改造的景观，应精准识别现有问题并推进针对性设计，从而高效提升碳汇能力。其评价结果将大力推动绿色低碳发展，指导城市规划决策以形成环境参考，为城市可持续发展注入新的动力。

3.2

重点评价内容

3.2.1　城市绿地系统低碳增汇的重点评价内容

在城市绿地系统尺度下，应选取影响绿地系统碳汇功能提升的因变量进行评价，诠释城市绿地系统增汇减排的功能。关键在于通过指导生态科学的绿地排布，健全绿地系统的自然生态，提升其自身碳汇能力。

城市绿地系统间具有相似的自然生态属性，在生态功能和物质交换、能量流动等自然过程中相互影响、相互依存，具有强关联性和整体性，共同构成了城市自然碳汇系统的一部分。在城市绿地系统碳汇效益评价中，景观生态格局对其碳汇效益影响是显著的，它会通过格局的变化影响到绿地系统直接增汇、间接减排的能力，因此可针对城乡绿地系统的聚集性、连通性、均匀性进行评价。平均斑块面积、最大斑块指数、景观蔓延度、景观连通性、香农均匀性指数与香农多样性指数等指标可作为城市绿地系统碳汇效益评价的重点内容参考（表3-1）。

城市绿地系统碳汇效益重点评价指标 表3-1

序号	一级指标	二级指标	指标定义
1	聚集性	平均斑块面积	景观中所有斑块或某一种斑块的平均面积，用于确定景观中优势斑块类型
2		最大斑块指数	用于对比不同景观的聚集或破碎程度，也指示景观各类型之间的差异。该指数值的大小可以帮助确定景观中的优势斑块类型，间接反映人类活动干扰的方向和大小
3	连通性	景观蔓延度	用于描述景观里不同斑块类型的团聚程度或延展趋势
4		景观连通性	用于描述景观组分之间的功能连接性
5	均匀性	香农多样性指数	反映景观异质性，特别对景观中各拼块类型非均衡分布状况较为敏感，即强调稀有拼块类型对信息的贡献
6		香农均匀性指数	等于香农多样性指数除以给定景观丰度下的最大可能多样性（各斑块类型均等分布）

1）聚集性

城市绿地系统聚集性评价可以选用平均斑块面积和最大斑块指数进行评价。

（1）平均斑块面积

平均斑块面积（Mean patch size，MPS）指景观中所有斑块或某一种斑块的平均面积，用于确定景观中优势斑块类型。在生态学含义上MPS代表一种平均状况，在景观结构分析中反映两方面的意义：一方面，景观中MPS值的分布区间对图像或地图的范围以及对景观中最小斑块粒径的选取有制约作用；另一方面，MPS可以指征景观的破碎程度，如我们认为在景观级别上一个具有较小MPS值的景观比一个具有较大MPS值的景观更破碎[4]，同样在斑块级别上，一个具有较小MPS值的斑块类型比一个具有较大MPS值的斑块类型更破碎。可以通过如下公式进行计算：

$$MPS = A_i / (n_i \times 10\,000)$$

其中n_i表示i类斑块总数，A_i表示i类斑块总面积。

聚集性与平均斑块面积显著负相关性，绿地破碎度小，固碳能力越大；当绿地平均斑块面积$>2m^2$时，固碳效率提升最大。

（2）最大斑块指数

最大斑块指数（Largest patch index，LPI）用于对比不同景观的聚集或破碎程度，也指示景观各类型之间的差异。该指数值的大小可以帮助确定景观中的优势斑块类型，间接反映人类活动干扰的方向和大小。可以通过如下公式进行计算：

$$LPI = a_{max} / A \times 100$$

其中a_{max}指景观或某一种斑块类型中最大斑块的面积（m^2），A为斑块面积。

综上，城市绿地系统碳汇能力在聚集性上选择最大斑块面积、平均斑块面积进行评价。最大斑块面积指数越大，碳汇能力越强；当平均斑块面积$>2m^2$时，碳汇效率增长最快，当绿地斑块密度较小时，碳汇能力较高。

2）连通性

城市绿地系统连通性评价可以选用景观蔓延度、景观连通性进行评价。

（1）景观蔓延度

景观蔓延度（Contagion index，CONTAG）等于景观中各斑块类型所占景观面积乘以各斑块类型之间相邻的格网单元数目占总相邻的格网单元数目的比例，乘以该值的自然对数之后的各斑块类型之和，除以2倍的斑块类型总数的自然对数，其值加1后再转化为百分比的形式。理论上，CONTAG值较小时表明景观中存在许多小斑块；趋于100时表明景观中有连通度极高的优势斑块类型存在。在生态学含义上，CONTAG指标描述的是景观里不同斑块类型的团聚程度或延展趋势。一般来说，高蔓延度值说明景观中的某种优势斑块类型形成了良好的连接性；反之则表明景观是具有多种要素的密集格局，景观的破碎化程度较高。连通性与景观蔓延度显著正相关，绿地连接与蔓延度性越好，固碳能力越大。可以通过如下公式进行计算：

$$CONTAG = \left[1 + \frac{\sum_{i=1}^{m} \sum_{k=1}^{m} \left[(P_i)\left(\frac{g_{ik}}{\sum_{k=1}^{m} g_{ik}}\right) \right] \left[\ln(P_i)\left(\frac{g_{ik}}{\sum_{k=1}^{m} g_{ik}}\right) \right]}{2\ln(m)} \right] (100)$$

其中P_i表示i类型斑块所占面积百分比；g_{ik}表示i类型斑块和类型斑块毗邻的数目；m表示景观中的斑块类型总数目。

（2）景观连通性

景观连通性（Landscape connectivity, CONNECT）反映的是景观组分之间的功能连接性，景观组分之间存在若干功能连接点，当景观组分结构有利于景观组分之间的连接，则功能性连接点的连接比例较高，有利于物质、能量和信息等生态流在景观格局之间运行。可以通过如下公式进行计算：

$$CONNECT = \frac{\sum_{j=k}^{n} c_{ijk}}{n_i(n_i-1)/2} \times 100$$

其中，C_{ijk}为在临界距离之内的与斑块类型i相关的斑块j与k的连接状况；n为景观中斑块类型i的斑块数量。

综上所述，城市绿地系统碳汇能力在连通性上选择景观蔓延度、景观连通性进行评价。绿地蔓延度和景观连通性越高，固碳能力越大。

3）均匀性

城市绿地系统均匀性评价可以选用香农多样性指数、香农均匀性指数进行评价。

（1）香农多样性指数

香农多样性指数（Shannon's diversity index, SHDI）在生态学含义上SHDI能反映景观异质性，对景观中各拼块类型非均衡分布状况较为敏感，即强调稀有拼块类型对信息的贡献。在比较和分析不同景观或同一景观不同时期的多样性与异质性变化时，SHDI也是一个敏感指标。如在一个景观系统中，土地利用越丰富，破碎化程度越高，其不定性的信息含量也越大，计算出的SHDI值也就越高。景观生态学中的多样性与生态学中的物种多样性有正态分布联系。可以通过如下公式进行计算：

$$SHDI = -\sum_{i=1}^{m}(P_i \ln P_i)$$

其中，P_i为景观斑块类型i所占据的比率。

（2）香农均匀度指数

香农均匀度指数（Shannon's evenness index, SHEI）等于香农多样性指数除以给定景观尺度下的最大可能多样性（各斑块类型均等分布）。SHEI值越小则景观中可能存在优势斑块类型支配该景观，值越大接近于1时表明景观中斑块类型分布均匀不存在明显的优势类型。SHEI=0表明景观仅由一种拼块组成，无多样性；SHEI=1表明各拼块类型均匀分布，有最大多样性。可以通过如下公式进行计算：

$$SHEI = \frac{-\sum_{i=1}^{m}(P_i \times \ln P_i)}{\ln m} (0 \leqslant SHEI \leqslant 1)$$

其中，m是指景观中斑块类型的总数，P_i是指斑块类型i占整个景观的面积比。

在生态学含义上SHEI与SHDI指数一样，也是我们比较不同景观或同一景观不同时期多样性变化的一个有力手段。SHEI值较小时优势度一般较高，可以反映出景观受到一种或少数几种优势拼块类型所支配；SHEI趋近1时优势度低，说明景观中没有明显的优势类型且各拼块类型在景观中均匀分布。

综上所述，均匀性与香农多样性指数、香农均匀性指数显著负相关性；绿地均匀度、多样性指数越低、优势斑块越突出，绿地固碳能力越大。

在绿地覆盖面积低于40%时，绿地格局对降温、增湿等生态环境效应起主要作用。绿地的聚集度越低、破碎度越高，越不利于绿地降温。基于形态学空间格局分析法，提升绿地核心斑块集中性与连通度、优化斑块边界、减少破碎化小斑块数量等措施能有效改善热环境。除此之外，公园绿地的降温作用与周边用地结构具有较明显的对应关系，其降温幅度与绿地和建设用地的面积比值之间存在明显的正相关关系，与建设用地的容积率之间存在负相关关系。

3.2.2　城市绿地低碳增汇的重点评价内容

城市绿地是城市中重要的直接增汇、间接减排的要素，城市绿地建设有利于区域碳汇量的提升。在城市绿地尺度下，城市绿地碳汇能力不仅受到绿地空间形态的影响，还与城市绿地内各组分构成息息相关，例如建筑、硬质铺装、景观小品等人工部分消耗能源材料，植被水体等自然部分养护管理所排放CO_2，需要绿地植被的固碳量进行消减。因此，城市绿地碳汇效益与植被、水体在其中的占比尤其相关，可以选取绿地形状、绿地组分2个模块进行评价，分别选取的二级评价指标主要包括：景观形状指数、蓝绿比、林草比、林水比、草水比、林地占比进行评价（表3-2）。

城市绿地系统碳汇效益重点评价指标　　　　　表3-2

序号	一级指标	二级指标	指标定义
1	绿地形状	景观形状指数	通过计算区域内某斑块形状与相同面积的圆或正方形之间的偏离程度来测量起形状复杂程度
2		蓝绿比	表示林地、草地与水域面积的占比
3	绿地组分	林草比	表示林地与草地面积的比值
4		林水比	表示林地与水域面积的比值

序号	一级指标	二级指标	指标定义
5	绿地组分	草水比	表示草地与水域面积的比值
6		林地占比	表示林地占绿地斑块总面积的比值

1）绿地形状

城市绿地绿地形状评价可选用景观形状指数用进行评价。

景观形状指数（Landscape shape index，LSI）是通过计算区域内某斑块形状与相同面积的圆或正方形之间的偏离程度来测量其形状复杂程度。

若以正方形为参照物，公式为：

$$LSI = \frac{0.25E}{\sqrt{A}}$$

其中，E为景观中所有斑块边界的总长度，A为景观总面积。

若以圆形为参照物，公式为：

$$LSI = \frac{E}{2\sqrt{\pi A}}$$

其中，E为景观中所有斑块边界的总长度，A为景观总面积。

绿地形状方面，景观形状指数越大，固碳能力越大时，林草分布越分散，形状越复杂；水分布越集中。从间接减排的角度来看，绿地的面积和形状对绿地温度的影响具有不确定性，在较大尺度下，绿地面积越大、形状越规则，其降温效应越好，减排能力越强；在较小尺度下，分散型绿地降温效应则优于集中式大型绿地，形状复杂的绿地降温效应更好，减排能力更强。

2）绿地组分

城市绿地绿地组分评价可以选择林地占比、林水比、林草比、蓝绿比、草水比等指标。

（1）林地占比

林地占比（E）表示林地占绿地斑块总面积的比值，可以通过如下公式进行计算：

$$E = a/T$$

其中，a为林地面积，T为绿地斑块面积。

（2）林水比

林水比（C）表示林地与水域面积的比值，可以通过如下公式进行计算：

$$C = a/c$$

其中，a为林地面积，c为水域面积。

（3）林草比

林草比（ B ）表示林地与草地面积的比值，可以通过如下公式进行计算：

$$B=a/b$$

其中，a 为林地面积，b 为草地面积。

（4）蓝绿比

蓝绿比（ $A1$ ）表示林地、草地与水域面积的占比，可以通过如下公式进行计算：

$$A1=(a+b)/c$$

其中，a 为林地面积，b 为草地面积，c 为水域面积。

（5）草水比

草水比（ D ）表示草地与水域面积的比值，可以通过如下公式进行计算：

$$D=b/c$$

其中，b 为草地面积，c 为水域面积。

绿地组分方面，林地比例越大，碳汇能力越高。林草比＞20时，林草比越大，碳汇能力越大；林草比＜20时，林草比越小，碳汇能力越大。林水比=2，草水比=1时，效益最佳，数值继续增大对碳汇能力影响较小。碳汇能力与蓝绿比、水占比显著负相关（图3-1）。

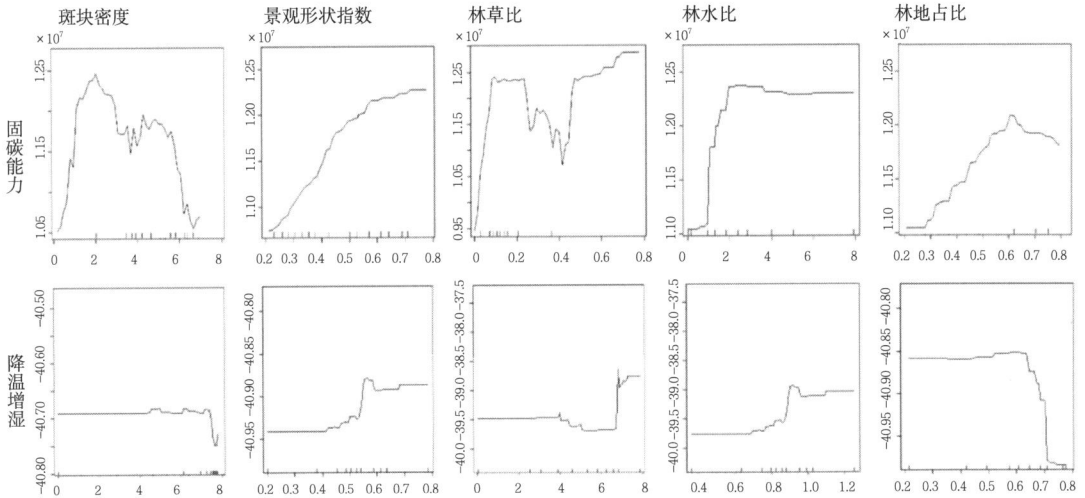

图3-1　评价指标与城市绿地固碳能力、降温增湿的相关性

3.2.3　植物群落低碳增汇的重点评价内容

更大的碳汇效能，除了宏观层面通过国土空间绿地规划增加绿化覆盖率和绿量以外，为了在有限的城市空间范围内发挥绿地功能，更要从微观层面的植物固碳能力、群落结构等角度考虑。因此对于植物群落尺度的评价，能

帮助低碳措施更加切实可行。植物群落的碳汇能力通常取决于群落结构与植物本身两个方面，具体又包括树龄、种植密度、乔木层种类、配置结构、物种丰富度、立地类型等。分析影响群落碳储量的关键因子，并对其树种选择和配置提出优化方式，能为今后城市绿化行业固碳树种推荐和低碳园林设计提供科学依据。群落尺度碳汇效益评价主要从树种结构、植被生长状态、植物生长状态、群落水平结构和群落空间结构5个模块入手（表3-3）。

城市绿地系统碳汇效益重点评价指标 表3-3

序号	一级指标	二级指标	指标定义
1	树种结构	乔灌比	乔木与灌木的数量比例
2		林龄	林分的平均年龄
3	植物生长状态	植被生长速度	指植物在一定时期内的生长量和生长速率
4		叶面积指数	单位土地面积上植物叶片总面积占土地面积的倍数
5	群落垂直结构	复层结构	群落竖向结构的层次搭配
6		坡度	种植坡面的垂直高度h和水平宽度l的比
7	群落水平结构	郁闭度	森林中乔木树冠在阳光直射下在地面的总投影面积（冠幅）与此林地（林分）总面积的比
8		地被覆盖度	被所占绿地斑块地面投影面积的百分比
9		疏密度	森林疏密程度
10	植物规格	树木径级	乔木主干离地表面胸高处（地面以上1.3m高处）的直径，断面畸形时，测取最大值和最小值的平均值为胸径
11		树木冠幅	树木或苗木树冠的宽度

1）树种结构

植物群落评价中，树种结构模块可选择乔灌比这一指标进行评价。

乔灌比（Ratio of tree-shrub）即乔木与灌木的数量比例。从植物生活型的角度来看，基本符合乔木个体固碳能力略大于灌木、乔灌大于地被和草坪；落叶树种大于常绿树；阔叶林高于针叶林[5]。从单位叶面积固碳释氧能力的角度来看，草本花卉单位面积日固碳量极高[5]。不同植被覆盖类型的平均固碳量有很大差别（表3-4）。乔灌复层和落叶常绿混交林的搭配组合对增加碳汇能力有重要作用。绿地中，乔灌比越高，高大乔木比例越高，乔木规格越大，其净碳储量和碳汇效应越高。

植被覆盖类型	单位绿地面积净日固碳量/（g·m^{-2}·d^{-1}）			
	乔木	灌木	草坪	总体
乔灌草型	35.67	20.95	23.38	79.99
灌草型	15.29	33.52	23.38	72.18
草坪型	15.29	16.76	23.38	55.42
草地	0	0	23.38	23.38

注：植被覆盖状况乔灌草型=乔木覆盖率70%+灌木覆盖率50%+草坪覆盖率100%；灌草型=乔木覆盖率30%+灌木覆盖率80%+草坪覆盖率100%；草坪型=乔木覆盖率30%+灌木覆盖率40%+草坪覆盖率100%；草地=草坪覆盖率100%。

2）植物生长状态

群落中，植物的生长状态也与碳汇能力息息相关，可以考虑林龄、植被生长速度、叶面积指数等。

（1）林龄

林龄（Stand Age）指林地的平均年龄。对于植被林龄，研究表明，固碳速度在中龄林生态系统中最大，而成熟林/过熟林由于其生物量基本停止增长。对于中国的常绿针叶林，碳汇效率（即单位NPP的碳汇）最高约为60%，出现在11～43年生的森林中，即11～43年的常绿针叶林呈现最高碳汇能力[6、7]。

（2）植被生长速度

植物生长速度是指植物在一定时期内的生长量和生长速率。对于不同植被生长速度。其他条件相同的情况下，生长速率快的乔木碳汇能力更强。一般认为，幼龄和中龄的植物生长速度和生物量增长速度均较快，增加量大，固碳增长量更大且排碳量相对较少；而成熟期的植物生物量基本稳定，固碳增长量相应减缓，在移植初期的排碳量也相对较大。

叶面积指数（Leaf area index，LAI）亦称叶面积系数。是指单位土地面积上植物叶片总面积占土地面积的倍数。它是决定单位土地面积植物固碳量的重要因素（影响净光合速率进而影响碳汇效率）。计算公式为：

$$叶面积指数（LAI）= 叶片总面积数/土地面积$$

乔灌草搭配的复层群落，叶面积指数大，固碳时间周期长，碳吸附能力更强[8]。

3）群落垂直结构

植物群落的垂直结构评价可重点细分为群落复层结构评价、平均坡度评价两个方面。

（1）复层结构

群落复层结构（Community structure）指群落竖向结构的层次搭配，其最佳定量为乔—灌—草复层。多项研究表明，植物群落垂直结构中增加灌木和低矮小乔木有助于提升碳固定量。碳汇能力乔—灌—草搭配＞乔—灌搭配＞乔—草搭配＞乔木搭配＞灌木—草搭配＞灌木搭配＞草地；复层植物群落＞双层植物群落＞单层植物群落[9~12]。

（2）平均坡度

平均坡度（Average slope）低于20度时，碳汇能力与坡度基本呈正相关。但随着坡度的增加，固碳能力缓步增长之后趋于稳定；而降温强度波动增长。

4）群落水平结构

植物群落的水平结构评价主要细分为郁闭度评价、地被覆盖度评价和疏密度评价。

（1）郁闭度

郁闭度（Canopy density）指森林中乔木树冠在阳光直射下地面的总投影面积（冠幅）与此林地（林分）总面积的比。碳汇能力与郁闭度呈显著正相关，当郁闭度在0~70%时，群落平均日固碳量随着郁闭度的增加而增加，且当郁闭度＞45%时，能够保证较好得固碳效益。

（2）地被覆盖度

地被覆盖度（Land cover）为地被所占绿地斑块地面投影面积的百分比。碳汇能力也与地被覆盖度显著正相关。当地被覆盖度＞14%时，固碳增长速率稳定，保持较高水平。

（3）疏密度

疏密度（Density）表示森林疏密程度。林分的每公顷胸高总断面积同标准林分相比。碳汇能力与疏密度呈显著正相关。疏密度＞38%时，碳汇能力维持较高水平。研究表明，群落中栽植密度为300~450株/hm²的样地固碳量要高于0~300株/hm²和450~600株/hm²的样地。平坦区域与缓坡区域可根据植物造景的需求进行群落设计，不需要过多考虑密度对其固碳效益的影响。而在陡坡区域，可以在不影响植物生长的情况下，适当增加群落密度，最优的群落密度为3~4棵/m²。综上，其最佳定量为300~450株/hm²[11、14]（图3-2）。

虽然理论上植物的生物量越高碳汇量就越高，但群落密度过大会引起植物生长不良，碳汇能力下降。植物群落的碳汇效应和其生物量并非简单的线性关系，栽植密度并非越大越好，应选择合理密度进行栽植，并及时进行养护管理。

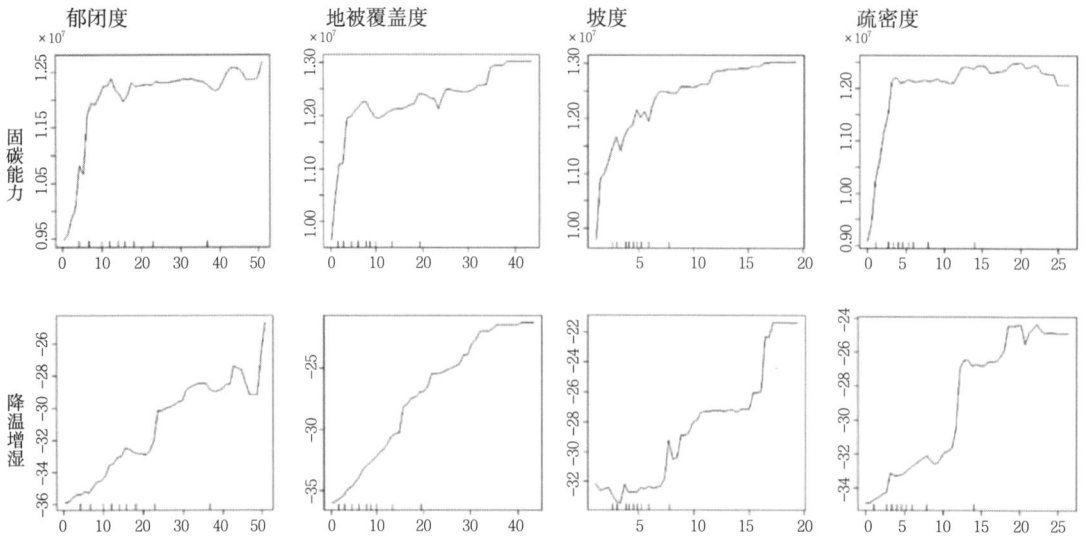

郁闭度　　　　　　地被覆盖度　　　　　　坡度　　　　　　疏密度

固碳能力

降温增湿

图3-2　评价指标与植物群落固碳能力、降温增湿的相关性

5）植物规格

植株本身的规格对植物群落碳汇效益影响很大，宜选择可量化的植株特征因子作为评价因子。其中，平均径级可反映树种的平均规格，平均冠幅反映植被的生长状况和绿量。基于城市公园绿地为研究对象，选取植被覆盖样地，对植物特征因子（树木径级、树木冠幅等）与碳汇效能之间的关系进行相关性分析并得出结论[14]。

（1）树木径级

树木径级（Trunk diameter）表示乔木主干离地表面胸高处（地面以上1.3m高处）的直径，断面畸形时，测取最大值和最小值的平均值为胸径。当径级范围在10~20cm，平均径级对植物群落碳汇效能具有显著正向影响，平均径级越大，植物群落碳汇效能越高。当植物群落的平均胸径从10~20cm增长到20~30cm的过程中，碳密度极显著升高；当植物群落的平均胸径从20~30cm增长到30~40cm的过程中，植物群落的固碳率急剧降低。综合来看，当群落中单木平均胸径≥22.5cm，碳汇能力越好[11~13, 15~16]（图3-3）。

（2）树木冠幅

树木冠幅（Crown Width）指树木或苗木树冠的宽度，通常是通过测量树木南北和东西方向宽度的平均值来得出的。平均冠幅对植物群落碳汇效能具有显著正向影响，平均冠幅越大，植物群落的碳汇效能越高。平均冠幅在一定程度上反映了三维绿量，而较高的三维绿量是植物碳汇能力的基本保障[14]（图3-4）。

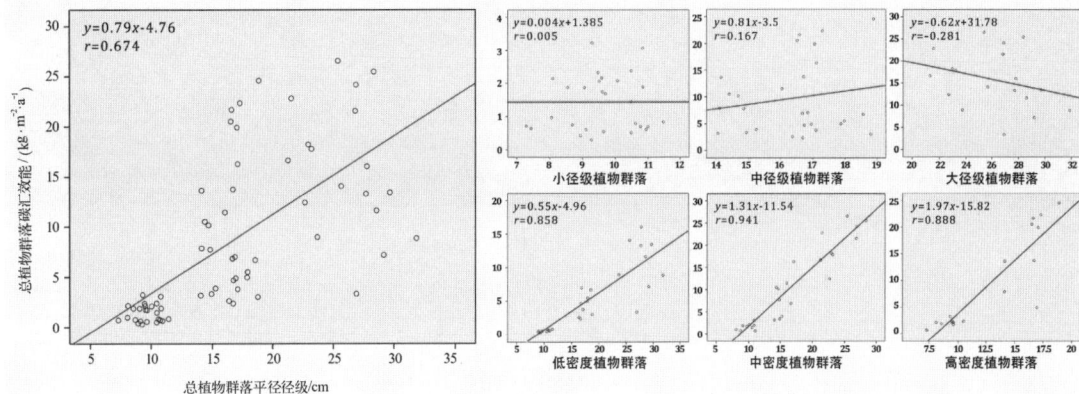

图3-3 树木径级与群落碳汇效能关系

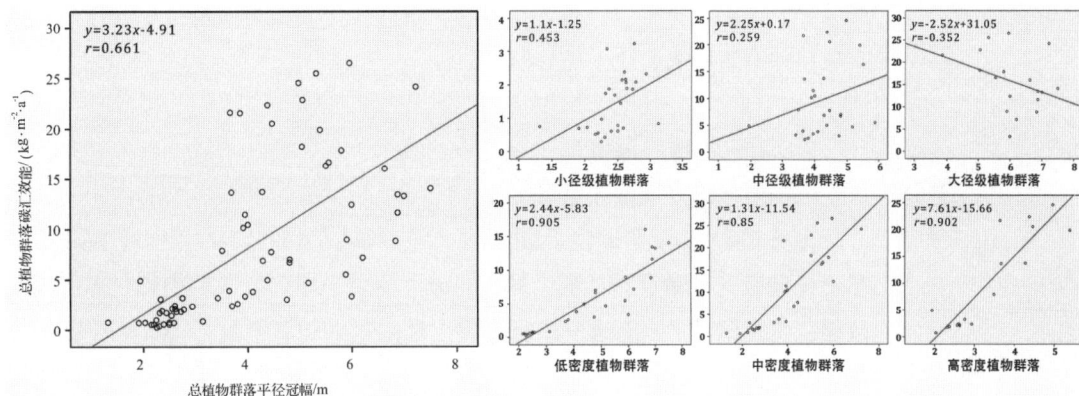

图3-4 树木冠幅与群落碳汇效能关系

图3-3、图3-4图源：张丽、刘子奕、麻欣瑶，等. 植物群落特征对城市公园绿地碳汇效能的影响研究[J].
园林. 2023，40（04）：125-134.

3.3 评价数据类型与采集

在评价研究开始前，需要确定研究范围和边界，并进行数据收集和处理。这些数据可以从文献中获得，有的必须依赖于特定部门提出，有的则需要实地调研获得。常用的数据类型与采集方式为卫星遥感影像、无人机近地遥感、激光雷达点云数据。

3.3.1 卫星遥感影像

1）遥感

遥感（Remote Sensing，RS）字面含义可以解释为遥远的感知。它是一种远离目标，在不与目标对象直接接触的情况下，通过某种平台上装载的传感器获取来自目标地物的特征信息，然后对所获取的信息进行提取、判定、加工处理及应用分析的综合性技术。

现代遥感技术是以先进的对地观测探测器为技术手段，对目标物进行遥远感知的过程。遥感数据在诸多领域均有所应用，例如土地利用、城市化及

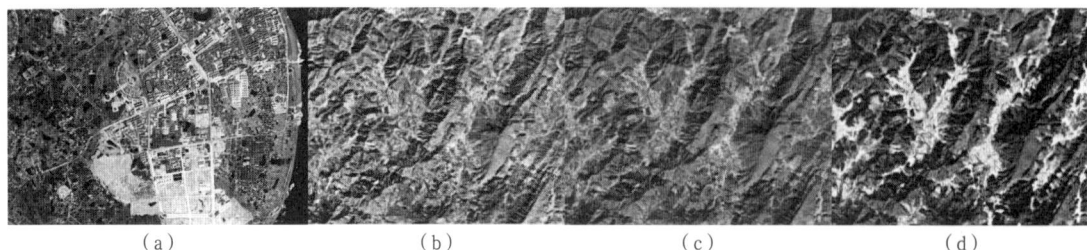

| (a) | (b) | (c) | (d) |

（a）Quickbird真彩色影像（株洲市天元区2002年，RGB组合方式3，（4+2）/2，1）；（b）SPOT5多光谱影像RGB431组合；
（c）SPOT5多光谱影像RGB231组合；（d）SPOT5多光谱影像RGB241组合
图源：林辉，孙华，熊育久，刘秀英. 林业遥感[M]. 北京：中国林业出版社，2011.

荒漠化监测；农作物、森林等可再生资源的监测和评估；灾害监测和环境监测等等。遥感数据有以下很多类型，需要根据不同类型所能提供的信息，依据具体评价的需求选择（图3-5）。

2）常见的传感器类型

（1）中分辨率成像光谱仪

中分辨率成像光谱仪（MODIS）是"水"（Aqua）和"土"（Terra）卫星上都装载有的重要传感器，是EOS计划中用于观测全球生物和物理过程的仪器，也是EOS平台上唯一进行直接广播的对地观测仪器。MODIS是当前世界上新一代"图谱合一"的光学遥感仪器。可为地学应用提供0.4～14.5μm之间的36个离散波段的图像，它以3种空间分辨率采集数据——250m、500m或1000m，视场宽度为2330km。MODIS每2天可连续提供地球上任何地方白天反射辐射和白天/夜夜的发射辐射数据，包括对地球陆地、海洋和大气观测的可见光和红外波谱数据。MODIS可以对高优先级的大气（云及其相关性质）、海洋（洋面温度和叶绿素）及地表特征（土地覆盖变化、地表温度、植被特性）进行全面、一致的同步观测。

MODIS的多波段数据可以同时提供反映陆地、云边界，云特性，海洋水色、浮游植物、生物地理、化学，大气中水汽，地表、云顶温度，大气温度，臭氧和云顶高度等特征的信息，用于对陆表、生物圈、固态地球、大气和海洋进行长期全球观测。

（2）地球资源技术卫星

地球资源卫星（Landsat 系列）全名为地球资源技术卫星。美国宇航局于1972年至1999年陆续发射了第1～7号地球资源卫星。目前在运行的有陆地资源卫星5号和7号。陆地卫星是以探测地球资源为目的而设计的，它既要求对地面有较高的分辨率，又要求有较长的寿命，因此它是属于中高度、长寿命的卫星。

中国遥感卫星地面站已经与美国签订了在中国独家接收、记录、处理、分发和存档Landsat系列数据的协议。2000年4月中旬正式向全国遥感用户提供Landsat-7 ETM+产品。目前使用的卫星影像主要是Landsat5和7号卫星影像，按照美国EDC（Erosdata center）对Landsat-7数据产品的处理分级分为5级：①原始数据产品（level 0）；②辐射校正产品（level 1）；③系统几何校正产品（level 2）；④几何精校正产品（level 3）；⑤高程校正产品（level 4）。

此外，数据产品还包括定标参数文件（Calibration parameter file，CPF）和星历数据（Definitive ephemeris data）等文件。

（3）Sentinel系列

哨兵2号（Sentinel-2）是欧洲空间局哥白尼计划下的一个地球观测任务，该任务主要对地球表面进行观测以提供相关遥测服务，例如森林监测、土地覆盖变化侦测、天然灾害管理。该计划是由2颗相同的卫星哨兵2号A（Sentinel-2A）与B（Sentinel-2B）组成的卫星群。为了能在短时间内重复拍摄同一区域，哨兵2号任务包含了两颗同时运作的相同卫星哨兵2号A（Sentinel-2A）与B（Sentinel-2B）。从可见光和近红外到短波红外，具有不同的空间分辨率，在光学数据中，哨兵2号数据是唯一一个在红边范围含有三个波段的数据，这对监测植被健康信息非常有效。

3）遥感指数

遥感指数（Remote Sensing Ecological Index，RSEI）是基于遥感技术，通过卫星多光谱影像可见光以及红外波段不同波段间组合，构建并强化光谱特性，以此来反应某一地物特征的一种技术。在低碳增汇景观评价中常用到的遥感指数主要有归一化植被指数（Normalized Difference Vegetation Index，NDVI）、绿光归一化差值植被指数（Green Normalized Difference Vegetation Index，GNDVI）、归一化水指数（Normalized Difference Water Index，NDWI）等，进而能够用于各个尺度下指标的计算与分析过程。

3.3.2 无人机近地遥感

无人机具有机动、灵活、快速、经济等特点，无人机与遥感技术相结合，称为无人机遥感。以无人机作为航空摄影平台能够快速高效地获取高质量、高分辨率的影像，无人机在摄影测量中的优势是传统卫星遥感无法比拟的，越来越受到研究者和生产者的青睐，大大地扩大了遥感的应用范围和用户群，具有广阔的应用前景。无人机正射影像应用相对成熟，倾斜摄影测量已经成为未来航空摄影测量的重要手段和国家航空遥感监测体系的重要补充，逐步从研究开发阶段发展到了实际应用阶段。

无人机近地遥感能用于城市绿地尺度评价数据的收集，例如景观形状指数、蓝绿比、林草比、林水比、草水比、林地占比等评价指标内容分析数据的获取。

无人机近地遥感具有以下优点：

①高效灵活：无人机可以迅速部署到目标区域，进行高效的数据采集和处理。其飞行轨迹和高度可以根据需求进行调整，使得数据采集更具灵活性。

②高分辨率：无人机近地遥感可以获得高分辨率的遥感影像，能够清晰反映地表细节，对于环境监测、城市规划等领域具有重要意义。

③成本低廉：相较于传统的卫星遥感或航空遥感，无人机的成本更低，更容易普及和应用。

但同时存在以下缺点：

①受天气影响：无人机飞行受风、雨、雾等天气条件影响较大，恶劣天气可能导致飞行不稳定或数据质量下降。

②受场地限制：由于存在空中管制，在位于军事禁区、机场附近、特定区域等无人机无法升空飞行或需要提前报备，使用前需注意当地要求，不要出现违法行为。

③数据处理复杂：无人机遥感获得的数据需要进行复杂的处理和分析，需要专业的技术和经验。

对于小面积、精度要求较高的绿地提取，无人机遥感具有巨大潜力，主要采取像元分割与面向对象分割两种方式对无人机影像进行预处理，基于无人机影像的光谱特征构建各种可见光植被指数用于量化提取植被信息，并结合该区域空间特征、纹理特征，以剔除与植被光谱特征相似的非植被信息[15]。

1）正射影像

正射影像（Orthoimage）是具有正射投影性质的遥感影像。

无人机影像自动获取的流程为：根据任务的要求对待拍摄地区进行航线规划，在航线规划系统中将规划好航线并载入到遥感空中控制子系统；无人机地面控制子系统按照规划的航线控制无人机的飞行，遥感空中控制子系统则按照预设的航线和拍摄方式控制照相机进行拍摄；照相机将拍摄的数据进行存储。随后对采集的影像进行处理，主要包括匀色与裁边、空中三角测量、正射影像生成以及精度检查等内容。

获取的高分辨率图像经过校正以消除视角造成的变形，确保每个像素正对地面。这使得图像具有一致的尺度，可以直接用于精确的地理空间分析。在绿地植被数据收集中，正射影像可以用来精确测量绿地面积、植被覆盖度和其他地理特征，非常适合于城市规划、环境监测等领域。

2）倾斜摄影

倾斜摄影（Oblique photography）测量技术是近年来发展起来的一项新的测量技术。它改变了以往航测遥感影像只能从垂直方向拍摄的局限性，倾斜摄影测量技术通过多台传感器从不同的角度进行数据的采集，快速、高效获取丰富的数据信息，真实地反映地面的客观情况，满足人们对三维信息的需求。目前，倾斜摄影测量技术已经应用于实际的生产实践，在绿地植被数据收集方面，倾斜摄影模型特别适用于获取植被的三维结构数据。

但是，倾斜摄影模型生成需要进行大量的图像处理和三维重建工作，对数据存储和计算能力要求较高。数据生成阶段，需要对所采集的原始倾斜影像数据进行整理与修正，首先，利用软件生产出初步模型（点云格式），在软件中对所采集的场地点云数据进行处理，将异常点去除；其次，对于部分存在破面或图像分层的区域，通过采集特征线进行约束，在GIS中结合场地的点云数据及特征线生成tif格式的DEM成果，根据分析需求进行数据格式转换。再次，考虑到受倾斜摄影采集高度及校正方式的限制，仍有部分建筑物无法被完整采集或其三维形态存在破面情况，因此，根据开源数据所获取的建筑物轮廓及高层信息，在已生成的DEM模型上增加部分建筑体块的模型，叠加过程需保证新增建筑物的底面轮廓与数字高程模型中该建筑物位置统一。最后，需考虑场地植被茂盛且空间要素丰富，为便于更真实地反映各类空间指标的细微差异，同时避免数据转换过程中产生的最小形变[16、17]。

3.3.3 激光雷达点云

激光雷达点云（Light detection and ranging，LiDAR）包括星载/机载激光雷达点云、地面激光雷达点云等类型。点云数据由空间各个点的三维坐标构成，树木点云数据可以利用三维激光扫描仪、数码相机等设备进行测量。另外，点云数据可以通过人工导入的方式进行获取，也可以通过相应的数据接口从相关测量设备（例如三维激光扫描仪或激光雷达）的存储器进行获取，各树木对应的树种类型可通过机器识别或人工标注的方式进行获取。所采集的样方数据除包括样方区域内树木的点云数据外，也可以包括其他数据，例如树木的种类、样方区域的地图数据、群落立地条件等（图3-6）。

激光雷达点云的具有以下优点：

①高精度：激光雷达能够获取高精度的三维点云数据，能够准确反映目标的形状和结构。

②不受光照影响：激光雷达工作不受光照条件限制，可以在夜间或光线较暗环境进行测量。

③抗干扰能力强：激光雷达对常见的干扰因素，如烟雾、灰尘等具有较

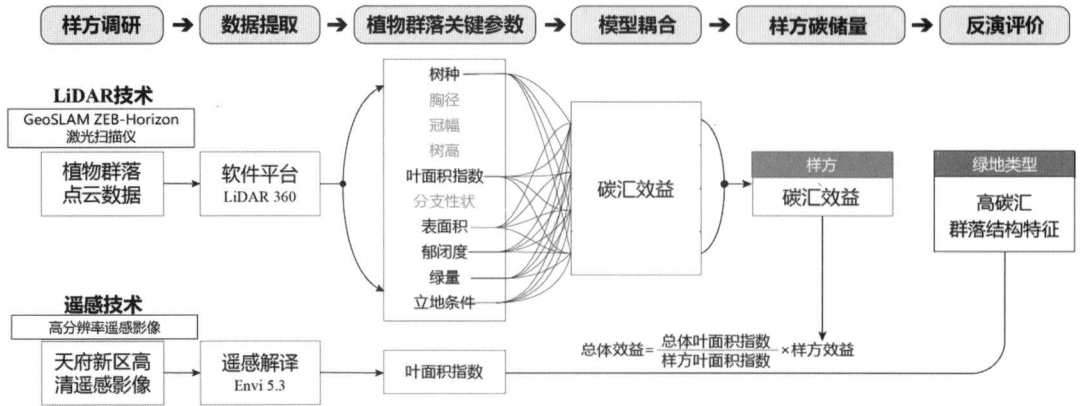

图3-6　激光雷达点云的工作流程

好的抗干扰能力。

然而，激光雷达点云也存在一些缺点：

①设备成本高：激光雷达设备的价格较高，对于一些预算有限的应用场景来说可能较难承受。

②数据处理量大：激光雷达获取的点云数据量巨大，需要高性能计算机进行处理和分析，对硬件要求较高。

③扫描速度受限：激光雷达的扫描速度可能受到设备性能和扫描范围的影响，对于一些需要快速测量的场景可能不适用。

3.4 评价技术与方法

获取数据后，还需依据评价目标和范围科学选择低碳增汇景观的评价方法，对相应尺度下绿地格局特征与形态指数数据、群落树种结构、种植模式、空间结构与植被碳封存量数据进行处理和建模，以确保获得评估碳汇能力准确的结果。

其定量认证研究是为之后的结果分析提供必要的信息基础，更是应对气候变化的碳管理和社会可持续发展的科技需求。通过对不同尺度低碳增汇景观的定量评价，既可以为温室气体综合管理以及参与全球变化和碳减排的国际合作提供科学数据，又可以为生态系统恢复、生态保护以及减灾防灾提供科学依据[18]。

3.4.1　城市绿地系统低碳增汇的评价方法

一方面，用于评估城市绿地系统实际碳汇量大小，目前国内外常用到的软件包括CASA模型、InVEST模型等。另一方面，用于评估城市绿地系统碳汇效益的影响因子，对绿地格局特征与形态指数数据处理和建模，深挖土地利用变化与其碳汇效益之间的互馈机制，目前国内外常用的、主流的方法为Fragstats软件。

1）CASA模型

陆地生态系统在全球碳循环过程中有着重要作用，准确地评估陆地生态系统碳汇及碳源变化对于研究碳循环过程、预测气候变化及制定合理政策具有重要意义。CASA（Carnegie-Ames-Stanford Approach）模型从物质生产和净物质积累的视角出发，通常采用生态系统生产力作为碳汇能力的评估指标。依据植被光合作用产物经过不同生物途径的呼吸损失，依次定义为总初级生产力（GPP）、净初级生产力（NPP）、净生态系统生产力（NEP）、净生物群系生产力（NBP）、净区域生产力（NRP）。可用于在城市绿地系统层面上进行的碳汇效益评价，主要聚焦于低碳增汇景观规划中如城市森林、城市绿地系统的碳汇量上。

其中，CASA模型是估算植被净初级生产力（NPP）的经典模型（图3-7），可以由植物的光合有效辐射（APAR）和实际能利用率（ε）两个因子来表示，其估算公式如下：

$$NPP(x,t) = APAR(x,t) \times \varepsilon(x,t)$$

式中，$APAR(x,t)$表示像元x在t月吸收的光合有效辐射（$gC \cdot m^{-2} \cdot month^{-1}$），$\varepsilon(x,t)$表示像元$x$在$t$月的实际光能利用率（$gC \cdot MJ^{-1}$）[19]。

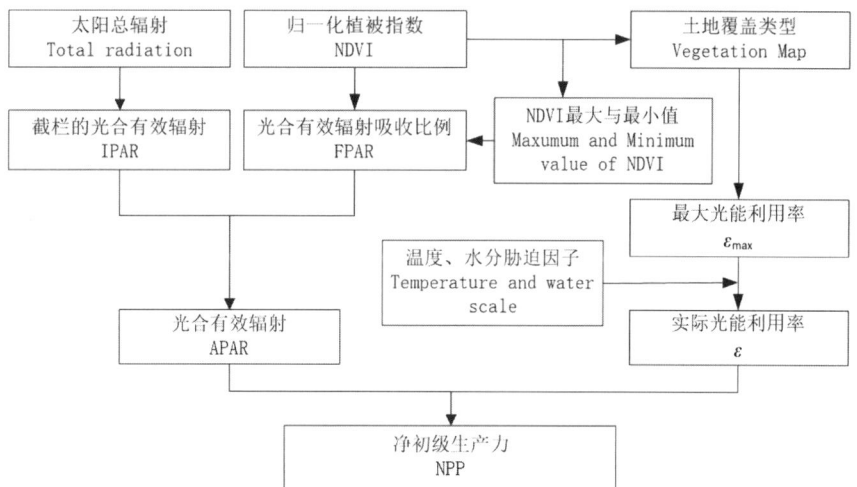

图3-7 净初级生产力（NPP）估算模型总体框架

2）InVEST模型

InVEST模型—生态系统服务和权衡的综合评估模型（Integrated Valuation of Ecosystem Services and Trade-offs）是美国斯坦福大学、大自然保护协会（TNC）与世界自然基金会（WWF）联合开发的，旨在通过模拟不同土地覆被情景下生态服务系统物质量和价值量的变化，为决策者权衡人类活动的效益和影响提供科学依据，用于生态系统服务功能评估的模型系统。InVEST模型，实现了生态系统服务功能价值定量评估的空间化。该模型较以往生态系统服务功能评估方法的最大优点是评估结果的可视化表达，解决了以往生态系统服务功能评估用文字抽象表述而不够直观的问题。

长期的生态过程使得城市绿地系统积累了大量的碳储量，包括现存的植被生物量有机碳、落物有机碳和土壤有机碳储量。不同土地利用类型在碳固定和释放方面表现出不同的特性。InVEST碳储存和封存模型能够用于计算景观中目前储存的碳量，并评估一段时间内固碳的数量。首先，它根据用户提供的土地利用/土地覆盖（LULC）地图，汇总4个碳库（地上活生物质、地下活生物质、土壤和死有机物）中储存的碳的生物物理量，如果提供未来的LULC地图，模型的碳储存部分会估计随时间变化的碳储量。

3）Fragstats软件

Fragstats是一款专门用于景观格局指数计算的软件工具。它能够帮助用户量化和分析景观结构，支持多种数据格式，包括栅格图像。Fragstats内置了大量的景观格局指数，包括基于斑块的指标、结构功能指标、细胞基指标和表面指标等，以便用户根据不同的研究需求选择合适的指标进行分析。这些指标可以描述单个斑块、斑块类别以及整个景观的结构。

在宏观的评价中还涉及利用景观格局分析、气候模型、情景模拟等方法预测未来城市绿地系统的碳汇效益。Fragstats软件可对平均斑块面积、最大斑块指数、景观蔓延度、景观连通性、香农均匀性指数与香农多样性指数等指标进行计算，通过格局优化分析模拟，在城市绿地系统层面将这些动态和相互作用考虑在内，对于制定有效的城市绿地系统规划和管理策略，以及确保生态系统服务和功能的长期可持续性是至关重要的。

3.4.2　城乡绿地与植物群落低碳增汇的评价方法

针对城市绿地与植物群落两个尺度，专注于特定绿地斑块及其中的植物群落的精细化评估，可选用样地清查法、软件模拟法对该尺度下碳汇效益进行评价，具体包括异速生长模型、Itree、Citygreen等。

一方面，通过获取植物的生物量与植物生长数据，定量测算植被的固碳潜力，充分考虑生长速率、群落配置、树种特性等因素，深入分析绿地斑块及其内部植物群落的碳固定能力。另一方面，通过环境监测和气候模拟，评估城市绿地如何对周边城市环境产生积极影响，如降低热岛效应、提倡绿色出行等，从而降低能源消耗和相关的碳排放。

1）样方法

样方法（Sampling Methods）是适用于乔木、灌木和草本植物的一种最基本的调查取样方法。一般采用正方形样方。植被样方标准通常参考中国科学院植物研究所牵头的中国科学院植物科学数据中心编制的《植被样方调查数据规范》，一般来说样方的面积600m²（重点精查群落为1000m²），常为20m×30m（20m×50m）的长方形。如实际情况不允许，也可设置为其他形状，但必须由6（或10）个10m×10m的小样方组成。一般来说，样方面积有大有小，但这种10m×10m的小样方的面积是固定不变的。以罗盘仪确定样方的四边，闭合误差应在0.5m以内。以测绳或塑料绳将样方划分为10m×10m的样格[20]（图3-8）。

通过设立典型样地，准确测定生态系统中的植被、枯落物或土壤等碳库的碳储量，并可通过连续观测来获知一定时期内的通量变化情况。其中比较准确且应用较多的有两种方法，即平均生物量法、生物量换算因子，它们都是在推算出生物量的基础上再乘以一个换算系数求得碳储量的方法。

其中，平均生物量法是指基于野外实测样地的平均生物量与该类型森林面积来求取森林生物量的方法，应用较多的方程有：

$$W=aD^b 或 bW=a(D^2H)^b$$

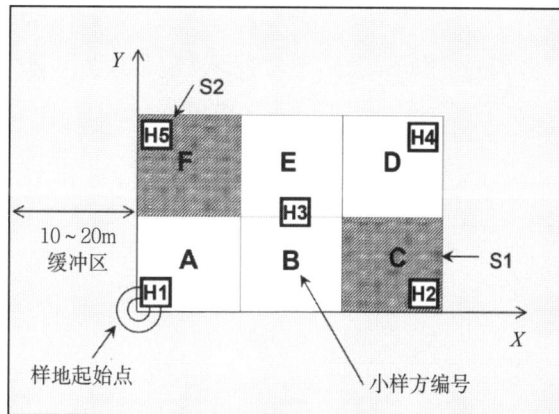

图3-8　植被样方标准示意图
注：样方面积20m×30m，由6个10m×10m的样格组成，A-F为样格编号，S1和S2（阴影部分）为灌木层调查样格；H1-H5为草本调查小样方。样方四边应各留有10～20m以上的缓冲区。

其中，W代表林木各器官的生物量，D代表林木胸径，H代表树高，a、b为参数[21]。

利用生物量换算因子（Biomass Expansion Factor，BEF）的平均值乘以该森林类型的总蓄积量，可获得该类型森林的总生物量，这一方法早在国际生物学计划（IBP）期间就已被采用[22]。方精云等提出了生物量换算因子（BEF）法建立了生物量与蓄积量关系，通过该关系式可以将样地调查转换为区域的推算[21]。

2）i-Tree模型

i-Tree模型是由美国林务局（USDA Forest Service）于2006年开发的城市森林效益评估软件。i-Tree模型包括UFORE和STRATUM两个模块，使用程序为样地选择、采集数据、数据处理等。

UFORE模块中样地的选择可用随机法、栅格法和分层法。随机法是在整个研究区内完全随机地选择样地；栅格法是将整个研究区分成平均大小的栅格，再在栅格内确定样地，这样保证所选择的样地是均匀分布在整个研究区内；分层法是先将研究区进行分类或分层（如根据土地利用类型进行分类），再在每个层次上随机选择样地。对样地的大小和数量没有明确的规定，在相同大小的研究区内随着样地面积的增大和样地数量的增加，所得结果的准确性相应提高，但是数据采集和分析所耗费的时间、人力、物力也增加。经过许多研究表明，在城市范围研究中最佳样地为大小400m²的圆形样地，样地数一般为200左右，将产生10%的标准误差。在实际应用中，样地数量还受许多因素影响，如城市的大小、树木的覆盖度等。

STRATUM模块按道路等级长度的10%进行抽样调查，即1000m选取100m调查道路两侧的行道树。

在模型的应用中，结构决定功能，功能决定其经济效益。为对城市森林及行道树的经济效益进行准确的评估，首先要选择合适的样地，并采集精确度高的样地数据，得出其基本结构（物种组成、树木密度、径级分布、冠幅等），进而得出其他结构（叶面积、生物量等）。然后再结合当地的环境和气候条件（温度、湿度、空气中污染物浓度等），以及经济发展水平核算其经济价值。

3）CITYgreen模型

CITYgreen模型是由美国林业署，基于ESRI的Arc View软件开发的功能扩展模块。模型基于遥感、地理信息系统、全球卫星定位技术，被广泛用于城市绿地生态效益评价。模型能够利用光谱、高分辨率影像，通过数字化建立不同专题图层，输入调查参数，对研究区域的城市绿地生态效益进行评价与分析。模型所要解决的问题是怎样更好地将绿色基础建设的政策融合并真正实践到城市中，其目的是鼓励社会利用GIS的树冠层与非树冠层数据估算城市森林的效益，进而更好地进行土地利用规划[23]。

CITYgreen模型分析的绿地生态效益包括碳储存/碳吸收、清除大气污染物、暴雨缓排、节能、树木生长预测、土地规划方案生态效益评价、野生动物保护等，并将上述生态效益按照影子工程法、替代价值法等核算方法折算成直观的经济价值。

CITYgreen模型可在城市绿地和植物群落两个尺度上对绿地生态效益进行分析评价研究。既能从较大范围内使用栅格数据，较快研究城市绿地植被的生态效益，如整个城市、林场等，又能使用矢量数据以一个公园、社区、绿地为研究对象，进行数字化分析。

4）异速生长模型

异速生长模型是指在某个生长过程中，不同个体或不同物种的生长速率不同。这种模型可以用于描述生态系统中的生物生长和竞争关系。几十年来，生物学家致力于生物体结构特征和生理属性及其异速生长关系的研究。新陈代谢是生物生长、发育、繁殖、遗传、进化的基础，也是生物物质与能量转换的过程，它决定了生物从环境吸收的所有物质和能量资源，并支配着物质和能量在生物体内的分配。个体的大小是生物体的重要性状之一，它不仅决定了生物个体几乎所有的生理特征和生理过程，而且还影响着从种群、群落、生态系统各个尺度的格局与过程。

因为不同区域、树种、树木大小、分项之间的含碳率各不相同。为了减少含碳量的估算误差，有必要对各分项的含碳率进行精确测定。迄今为止，有直接和间接两种方法来估算立木含碳量。间接法是通过含碳率乘以树木生物量来计算立木含碳量，其中生物量采用生物量异速生长方程进行估算。直接法是采用异速生长方程直接构建各分项（干材、树皮、树枝、树叶、树根）的可加性含碳量模型来估算立木含碳量。

异速生长方程是建立含碳量模型的常用方法，该方法利用林木易测因子（如胸径、树高）推算不易测定的立木含碳量，能够减少含碳量估算的外业工作。目前，绝大多数已建立的方程使用胸径作为生物量或含碳量的唯一可靠预测变量。此外，树高也被作为第二变量添加到模型中，且加入树高作为另一个预测变量时，可显著提高模型的拟合效果和预测能力。此外，为了满足立木各分项含碳量之和等于总含碳量这一逻辑关系，需要模型之间满足可加性的逻辑关系，即需要构建可加性含碳量模型。可加性模型的参数估计也有许多方法，其中非线性似乎不相关回归（NSUR）具有通用性和灵活性，是最常用的参数估算方法[24]。

思考题

1. 低碳增汇现状评价体系主要从哪三种尺度进行？分别可选择哪些评价指标？它们和碳汇效益的相关关系是什么？
2. 评价数据类型主要有哪些？
3. 获取数据后可借用哪些模型进行数据的处理？

延伸阅读 参考文献

1. 骆天庆. 城市绿地和绿化的低碳化建设规划指南[M]. 北京：中国建筑工业出版社，2015.

[1] 陈丹，杨凌晨. 低碳新城蓝绿空间系统规划方法探索与实践——以重庆市永川科技生态城为例[J]. 园林，2023，40（12）：49-57.
[2] 刘冲. 沈北新区碳汇绿地空间优化研究[D]. 沈阳：沈阳建筑大学，2018.
[3] 张浪，徐英. 绿地生态技术导论[M]. 北京：中国建筑工业出版社，2016.
[4] 邬建国. 景观生态学：格局、过程、尺度与等级[M]. 2版. 北京：高等教育出版社，2007.
[5] 王敏，宋昊洋. 影响碳中和的城市绿地空间特征与精细化管控实施框架[J]. 风景园林，2022，29（5）：17-23.
[6] 王效科，刘魏魏. 影响森林固碳的因素[J]. 林业与生态，2021，No.786（3）：40-41.
[7] ZHU ZHIYI. Age-dependent forest carbon sink: Estimation via inverse modeling [J]. Journal of Geophysical Research: atmosphere, 2016. 121(2): 519-533 https://doi.org/10.1002/2015JG002943
[8] 杨瑞卿，肖扬，姜华. 低碳园林的特征及评价研究[J]. 广东农业科学，2013，40（9）：50-52.
[9] 王晶懋，范李一璇，韩都，等. "双碳"目标下的西安地区绿地植物碳汇矩阵量化与配置模式研究[J]. 中国园林，2023，39（2）：108-113.
[10] 刘颂，张浩鹏. 多尺度城市绿地碳汇实现机理及途径研究进展[J]. 风景园林，2022，29（12）：55-59.
[11] 张婉茹. 基于碳汇功能的植物群落优化研究[D]. 沈阳：沈阳建筑大学，2020.
[12] 赵艳玲. 上海社区绿地植物群落固碳效益分析及高固碳植物群落优化[D]. 上海：上海交通大学，2014.
[13] 张颖. 建筑垃圾堆山公园植物群落固碳效益量化与优化研究[D]. 天津：天津大学，2019.
[14] 张丽，刘子奕，麻欣瑶，等. 植物群落特征对城市公园绿地碳汇效能的影响研究[J]. 园林，2023，40（4）：125-134.
[15] 吴卓恒，徐霞，陶帅. 基于无人机影像的城市绿地提取分析[J]. 四川林业科技，2019，40（6）：65-70.
[16] 成实，王一婧，程子倩. 基于倾斜摄影模型的滨江空间多维形态特征量化方法研究——以南京滨江为例[J]. 中国园林，2023，39（6）：20-25.
[17] 杨国东，王民水. 倾斜摄影测量技术应用及展望[J]. 测绘与空间地理信息，2016，39

（1）：13-15+18.

［18］于贵瑞，何念鹏，王秋凤. 中国生态系统碳收支及碳汇功能：理论基础与综合评估[M]. 北京：科学出版社，2013.

［19］ZHU ZHIYI. Carnegie-Ames-Stanford approach (CASA)[EB/OL]. [2024-12-01]. OpenGMS. https://geomodeling.njnu.edu.cn/modelItem/6bc7f7ba-d2fb-4c5b-a128-0e12406cb634.

［20］FANG J, WANG X, SHEN Z, et al. Methods and protocols for plant community inventory[J]. Biodiversity Science, 2009, 17(6): 533.

［21］赵敏，周广胜. 基于森林资源清查资料的生物量估算模式[J]. 应用生态学报，2004，15（8）：1468-1472.

［22］曹吉鑫，田赟，王小，等. 森林碳汇的估算方法及其发展趋势[J]. 生态环境学报，2009，18（5）：2001-2005.

［23］占珊，闫文德，田大伦，等. 基于CITYgreen的城市森林生态效益评估的应用[J]. 中南林业科技大学学报，2008，28（2）：137-143.

［24］周昊，叶尔江·拜克吐尔汉，何怀江，等. 东北地区主要造林树种幼苗期生物量分配特征与异速生长模型[J]. 林业科学，2023，59（11）：23-32.

第 4 章
低碳增汇景观规划设计

【本章提要】本章详细讨论了低碳增汇景观规划设计的重要性和实施方法。首先，通过现状调查与分析，确定城市绿地的现状和问题，明确低碳目标和规划的基本需求。其次，介绍如何收集全面、准确的数据以支撑后续规划决策。同时，本章进一步探讨了低碳增汇景观规划的原则，包括固碳增汇、节能减排、生态优先、科学布局和循环利用等。这些原则指导着景观规划和设计，确保开发活动尊重自然，优化空间结构，同时减少环境影响。此外，本章还详细描述了低碳增汇的具体措施，如优化绿地布局、增强绿色连接性，以及通过使用可再生资源和循环利用材料来实现低碳目标等。最后，本章还介绍了低碳景观设计的全生命周期，包括规划设计、材料与设备的选择、建造和日常管理等方面。

4.1
低碳增汇景观规划

4.1.1 规划前期工作

低碳增汇景观规划中的现状调查与分析是整个规划工作的基础。通过现场踏勘和资料分析，应摸清城市绿地现状水平和存在问题，找出低碳城市绿地系统的建设条件、规划重点和发展方向，明确减碳目标下城市发展的基本需要和工作范围，做出城市绿地现状的基本分析和评价。

1）基础资料收集

低碳增汇景观规划工作要在收集大量资料的基础上，经综合分析、详细研判后编制规划文件，因此需要多方面的资料。所收集的资料要求准确、全面、科学，在实际工作中可依据具体情况有所增减。除了第3章评价中提到的数据外，需要收集的数据包括城市规划的基础资料，以及与城市绿地建设现状密切相关的多方面资料[1]：

（1）地理信息资料

地形图。通常采用1：5000或1：10 000的比例，应与城市总体规划图的比例相匹配，用于展示项目区域的地形特征和地貌布局。

专业图件。包括航空照片、遥感影像等电子文件，可用于详细观察项目区域的地理特征和环境条件，为制定低碳增汇景观规划提供必要的信息支持。

（2）自然资源资料

气候信息。包括多年来的平均月度气温、湿度、降水量以及风向、风速和强度。此外，还应考虑霜冻和冰冻期的时间长度。

土壤信息。需要详细了解土壤的种类、厚度、物理和化学特性，以及不同类型土壤的分布状况、地下水位和冻土线的高度。

地质与水文状况。包括地形、河流和其他水体的详细信息，如位置、流量、流向、面积、深度和水质情况，以及水资源的可用性。同时，还需考虑泥石流、地震和其他地质灾害的风险。

（3）社会条件资料

能源使用和碳排放数据。收集区域内现有建筑、交通系统、工业活动等的能源消耗和碳排放数据。这有助于评估当前的碳足迹，并为规划低碳增汇景观提供基准。

城市发展战略与社会经济数据。搜集城市社会发展战略、国内生产总值、财政收入、产业产值等信息，以及城市特色资料，为规划提供必要的背景资料。

城市用地与人口。分析城市建设现状、土地利用情况和人口规模，评估城市扩展与绿地系统规划的平衡，确保低碳发展目标与城市发展需求的协调。

社区参与和公众意见。组织社区会议和公众咨询活动，收集居民和利益相关者对当前景观状况的看法和对未来低碳增汇景观规划的期望。这有助于确保规划方案符合社区需求并得到公众支持。

（4）园林绿地现状资料

气候变化适应措施。考虑气候变化对景观规划的影响，如极端天气事件和温度升高。规划中应包括适应措施，如提高城市绿地的抗旱能力、防洪措施等。

城市绿化统计指标。包括人均公园绿地面积、城市绿地率、城市绿化覆盖率等，评估其对城市生态系统服务和碳汇的贡献。

现有公园绿地的位置、范围、面积、性质、质量及可利用的程度，现有各类公园绿地平时及节假日的游人量。

苗圃现有面积、苗木种类、规格、数量及生长情况等。

现有防护绿地的建设情况。各类附属绿地调查统计资料，各单位绿地建设状况等。

适于绿化而宜修建建筑的用地位置、面积等。

（5）生物多样性调查

市域范围内生物多样性调查资料。城市古树名木的数量、位置、名称、树龄、生长状况等资料。现有园林绿化植物的应用种类及其对生长环境的适应程度（含乔木、灌木、露地花卉、草坪植物、水生植物等）。附近地区城市绿化植物种类及其对生长环境的适应情况，园林植物病虫害情况。当地有关园林绿化植物的引种驯化及科研情况等。

2）区域碳绩效测算与评估

（1）碳汇量测算与评估

在低碳增汇层面开展绿地系统规划工作的前期，需要对规划前后的场地碳汇量进行计算。测量和计算区域碳汇量的方法通常涉及直接测量和遥感技术等。直接测量包括使用样地调查来估算森林或其他植被类型的生物量，并通过生物量转换因子将其转换为碳储量[2]。遥感技术，包括卫星影像和无人机拍摄，也提供了评估区域碳汇量的能力[3]。多种模型和工具被用于碳汇量计算，包括地理信息系统（GIS）、生态系统模型如FOREST-CARBON模型，以及全球碳预测工具如GlobBiomass[4]（图4-1）。这些工具在不同的应用场景和尺度上各有优势，例如GIS适用于空间分析，而生态系统模型可以详细模拟特定生态系统内的碳循环过程。

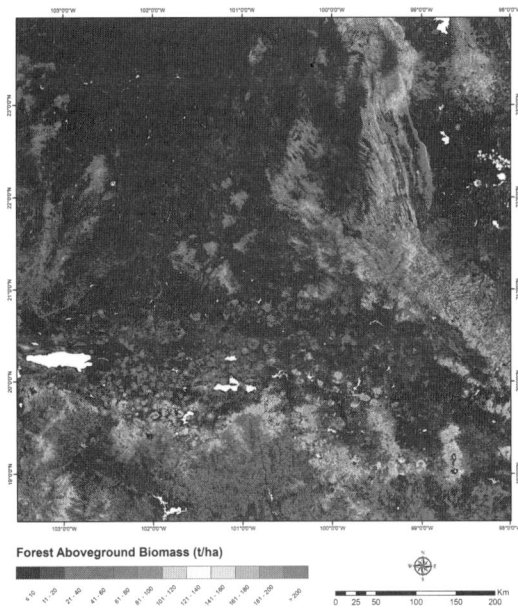

图4-1　全球碳预测工具ESA DUE Globbiomass
来源：https://globbiomass.org/

NPP（Net Primary Productivity，净初级生产力）的计算是低碳增汇景观规划设计中碳汇量测算与评估的重要组成部分之一。NPP是指单位面积单位时间内生物体的生物量增加量，是生态系统中生物体将太阳能的光合作用转化为有机物的速率。在进行绿地系统规划前，需要对规划前后的区域进行NPP计算。通过样地调查来估算森林或其他植被类型的生物量，并通过生物量转换因子将其转换为碳储量是常见测算方法之一。遥感技术如卫星影像和无人机拍摄也具有评估大尺度区域NPP的能力，即通过分析植被指数来估算碳存储量。

inVEST（Integrated Valuation of Ecosystem Services and Trade-offs）等模型通过土地利用、土地覆盖变化值和生物量年龄的分布函数，估算地上和地下生物碳储量和土壤碳储量，也可得出相应的固碳效率[5]。

（2）碳排放测算与评估

可对碳排放源进行分类和定量分析，包括工业排放、交通运输、建筑能耗等，利用GIS等工具，对规划区域的碳排放进行测算和评估，定量分析不同用地类型、产业活动等对碳排放的贡献程度。为后续规划制定提供依据。

3）驱动因素分析

低碳增汇景观规划是一个综合性的系统工程，需要综合考虑空间布局、土地利用、基础设施建设、生态环境保护、经济发展、社会宣传等多个方面因素。在规划中，应促进城市紧凑化发展，优化土地利用结构，推动绿色产业转型，提升公共交通和低碳出行比例，加强低碳生态宣教与能力建设。同时，规划和实施过程中需要协调各方面利益关系，强调可持续发展理念，确保低碳景观规划的顺利实施和效果持久（表4-1）。

低碳增汇景观规划驱动因素 表4-1

驱动因素	主要内容	低碳增汇景观规划发展方向
空间布局	空间布局规划、空间管制策略、空间形态、空间增长特点、主体功能区	紧凑型、集约型的空间布局；生态适宜性分区；将城市看作有机整体，不过分追求严格的功能分区。实施主体功能区战略
土地利用	用地布局、土地利用规划、土地利用结构、土地利用效率	集约节约用地、土地适度混合利用、城市单元功能混合、住宅多样化、土地紧凑开发、垂直集约开发。土地利用结构优化、农业和建设用地碳减排、构建土地生态补偿机制
基础设施布局	区域基础设施、城市基础设施、市政设施、社会性基础设施	城乡基础设施一体化建设和网络化发展；统筹地上地下市政基础设施；加强社会性基础设施建设
生态环境保护	自然环境保护、生态保护和修复、城市绿化、污染物排放控制、废弃物处理	城市绿化增加碳汇，环境质量控制和管理减少碳源
文化遗产保护	城市风貌保护、城市历史文化遗产保护与传承	保护和传承城市文脉，发掘地方特色和风貌，避免大拆大建
公共安全	社会安全、城市防灾减灾、城市应急系统、道路交通安全	编制城市防灾规划，构建城市生命线工程及城市应急系统，加强城市人防（合理利用地下空间）
城乡统筹	城乡一体化发展、城乡公共设施、基础设施统筹	统筹城乡公共设施、基础设施；统筹城乡经济和社会发展

驱动因素	主要内容	低碳增汇景观规划发展方向
社会保障	住房保障、社会保险覆盖、最低生活保障	构建公平、合理、覆盖全社会的社保体系、关注弱势群体，大力发展保障性住房
基本公共服务	教育、卫生、医疗、文化娱乐	大力发展教、科、文、卫事业，使基本公共服务均等化，城乡公共服务一体化，提高全民素质。
经济发展	产业、循环经济、就业、经济环境、贫富分化	发展低碳、生态、绿色产业；发展循环经济，扩大就业；扩大内需、减少外贸依存度，实现经济结构转型；公平合理分配社会资源，缩小贫富分化
交通	公共交通、步行及自行车交通、私人机动车、城市道路、职住平衡	公交优先，公共导向开发，提高绿色出行比例；构建区域交通网络；控制私人机动车使用；加强道路网规划建设；倡导职住平衡以减少通勤交通量
建筑	建筑布局、建设标准、街块控制、地块控制、城市设计引导	合理的建筑布局、体量和形式；绿色建筑及绿建标准；自然通风、自然采光；建筑能耗监测；热、风、声环境检测及评估
水资源利用	水系统规划、水环境规划、相关工程规划、再生水利用	水资源规划及管理；雨洪综合利用；用水标准、非常规水资源利用；水质达标率、中水回用
能源利用	城市能源规划、新能源利用	低碳清洁能源、可再生能源、传统能源煤的清洁燃烧，提高能源的输配效率，系统节能和优化；碳捕集和碳储存；工业废热余热利用；能源监测评估
废弃物处理	市政、建筑垃圾及工业固废和危险废物	垃圾减量，垃圾回收，垃圾分类，保障体系
照明	照明技术、照明产品、城市照明工程、家用照明	低碳节能照明技术（如LED），智能照明技术，低碳节能照明产品研发和推广应用，编制城市低碳照明专项规划
数字城市	数字技术、信息技术、网络技术	"数字城市"公共平台，公共信息管理综合平台，低碳生态城市规划建设决策系统，城市生态环境保护系统，住房保障综合信息系统，建筑节能与绿色建筑监管系统，数字化城市管理系统
社会宣传	宣传教育、能力建设、公众参与、管理协调、实施监督、政绩考核	低碳生态宣教及能力建设，构建公众参与机制；完善政策管理体制；建立监督及考评机制

4.1.2 规划原则与目标

在综合评估的基础上，明确低碳增汇景观规划的总体目标和具体指标，如碳汇量增加目标、碳排放量减少目标、碳中和进程等。根据地区的实际情况和发展需求，设定适应性强、可操作性高的规划目标和指标。

在低碳增汇景观规划中，应通过优化空间结构与绿地布局、提高绿地碳汇效率、调整产业布局等手段，实现增汇减排，推动低碳发展。具体方式包括优化城市空间结构，提高城市密度和紧凑性，促进通风减排、降温增湿与绿色出行，减少碳排放等。

1）规划原则

（1）固碳增汇、节能减排原则。规划过程中，应多采用节能减排的技术和方法，减少温室气体排放，促进能源的有效利用。例如，规划利用太阳能照明、规划合理的雨水收集系统，以及规划使用本地适应性强的树种，以减少灌溉需求等。

（2）尊重自然、生态优先原则。规划中强调任何开发活动中，需要优先考虑生态系统的完整性和稳定性，保护和恢复生态系统服务功能，减少人类活动对自然环境的负面影响。因此，在规划阶段，需要综合评估项目对生态系统服务功能的影响，例如空气和水的净化、土壤保持、生物多样性的维持等，并采取相应措施。此外，还应该通过规划，恢复已经退化或被破坏的生态系统，以增强其抵抗和适应环境变化的能力。

（3）统筹兼顾、科学布局原则。规划应优化城市空间格局和绿地空间格局，优化碳汇碳排空间布局，合理规划和利用城市空间以及绿地资源，以达到最大化效益和可持续发展的目标。其中，优化城市空间格局，包括合理分配居住、商业和工业用地，同时科学规划交通网络、公共服务设施以及城市基础设施，确保各功能区和系统之间的协调和高效运作。规划重点包括绿地面积的分布和质量，确保绿地系统的连续性和连贯性，形成低碳增汇的绿色空间网络，形成低碳增汇的绿地格局。

（4）以人为本、功能多元原则。鼓励社区和公众参与低碳景观规划的过程，提高公众的环保意识和参与度，提高游憩服务供给水平，促进社会的整体可持续发展。规划过程应注重鼓励社区成员参与景观规划和设计过程，激发公众的环境保护意识，促进环保行为，同时增强项目的公共接受度和成功率。

（5）因地制宜、突出特色原则。规划应注重利用本地资源，旨在减少运输过程中的能耗和碳排放，同时强调项目与其所在地区的文化和自然环境的融合。本地化不仅关注物理资源的利用，如本地材料和植物，也强调本地文化和传统的重要性，以此提升项目的地域特色和文化认同感。

2）规划目标

（1）优化绿地布局与增强绿色连接

按照低碳增汇景观规划原则，应通过优化绿地布局和增强城市绿色连接

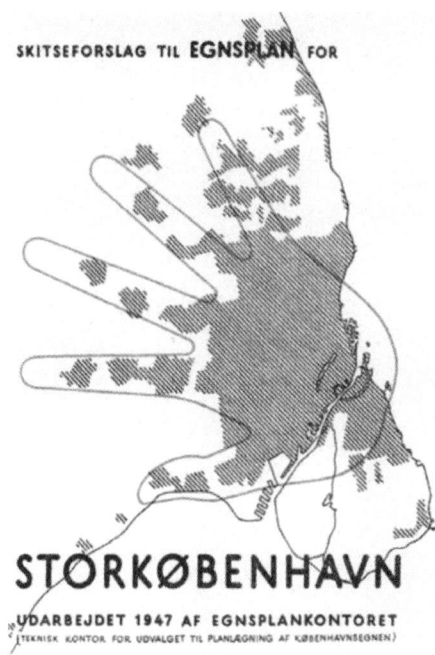

图4-2 哥本哈根指状公园系统
来源：Egnsplankontoret（1947）

性，阻止城市无序蔓延。通过集约利用土地和保护自然生态系统，如城市森林和湿地，减少碳排放，同时增强城市的生态系统服务功能。可持续发展通常被定义为满足当代人需求的同时，不损害后代人满足自己需求的能力。这涉及到经济、环境和社会三个维度的均衡发展。具体到景观设计和城市规划，意味着创建能够长期维持其社会功能、经济价值和环境效益的空间。低碳理念强调减少温室气体排放，特别是CO_2的排放，以减缓气候变化的速度。在城市和景观规划中，低碳设计意味着使用可再生能源、减少能源消耗和优化资源循环利用。在实践中，这些理念可以通过一系列策略来实施，如利用本土植物以减少灌溉需求、利用绿色建筑材料、设计高效的水资源管理系统以及采用可持续的能源解决方案（如太阳能和风能）。

（2）构建系统化的低碳绿地网络

规划应旨在创建一个多功能的、互联的绿色基础设施网络，包括城市森林、公园、绿道和生态廊道等，以促进生物多样性和提供生态服务，如空气净化、水管理和休闲空间，从而支持低碳城市发展。统筹不同地形地貌之间区域绿地的网络化布局结构，主要针对平原台地地貌完善区域绿地布局结构。哥本哈根指状公园系统的规划通过使绿地构成具备较高连接度和交叉性布局的网络结构，从而形成完整的"斑块—基质—廊道"生态空间（图4-2）。基于碳汇功能的区域绿地布局优化，以增强绿地之间的相互作用以及提升这种作用的复杂程度实现区域绿地碳汇功能的有效发挥，形成城乡一体化区域绿地网络体系。

4.1.3　低碳增汇绿地系统规划布局

1）市域低碳增汇绿地系统规划布局

市域绿地系统规划是指在城市行政管辖范围内，以与城市生态环境质量、居民休闲生活、城市景观和生物多样性保护有直接影响的绿化用地为规划对象，进行的绿地系统规划结构布局和分类发展规划，其目的在于合理布局，协调城乡统筹发展，综合发挥城乡绿地的总体生态效益、社会效益和经济效益。低碳增汇绿地系统规划要求从市域绿地系统综合实现低碳增汇的角度，开展绿地生态网络构建，以及生态斑块和生态廊道规划等相关工作。

（1）关键生态斑块规划布局

关键生态斑块是保护关键生态系统碳源、建立低碳生态保护区和恢复重建生态系统碳储功能的重要空间。生态斑块应优先选择保护关键生态系统的空间：如湿地、森林、草原等。这些生态系统具有重要的生态功能和生物多样性价值，对碳汇量的增加也具有显著影响。保护濒危物种和生态系统，确保其完整性和稳定性。这些区域可以作为核心区域，为生态网络提供重要的生物多样性和碳汇支持。恢复重建生态系统碳储功能：对受损的生态系统进行恢复和重建，增加植被覆盖、改善生境质量，提高碳汇效益。通过生态修复和重建，促进碳循环过程，增加碳储量。

规划过程也应注重生态斑块与人类游憩功能的耦合，通过规划多功能绿地、引入生态景观设计以及开展环境教育和宣传完成相关工作。规划多功能绿地：设计多功能绿地，满足人类游憩需求的同时，提供生态服务和增加碳汇量。这些绿地可以包括公园、休闲区、步道等，吸引人们参与绿色活动，促进碳吸收和减排。引入生态景观设计：在生态斑块中引入生态景观设计，增加植被种植密度、提高绿化覆盖率，促进生态系统功能的提升。同时，合理规划景观结构和植被配置，优化碳汇效益。开展环境教育和宣传：通过开展环境教育和宣传活动，提高公众对碳汇增汇绿地的认识和保护意识，鼓励人们积极参与绿地管理和保护，共同构建低碳生态社区。

（2）关键生态廊道规划布局

生态廊道是构建市域绿地系统的重要组成部分，是沟通和联系的通道，为了生态保护、生物迁徙和物种多样性等多重目标，廊道要保证有一定的宽度。研究表明，只有达到一定宽度阈值以后，林带对生物多样性才会产生影响，这一阈值通常为12m。

在绿地系统规划布局中，应注重推广便捷的低碳交通方式，例如步行和骑行路径的设置，公共交通设施的规划等，以减少汽车使用和碳排放。在绿地系统的建设和运营中，采用节能环保的设计理念和技术，例如利用太阳能、风能等可再生能源，减少能源消耗和碳排放。在绿地系统中建设绿色建筑和设施，采用环保材料、节能设备和绿色技术，减少建筑物和设施的碳排放。通过植被种植、湿地建设等方式增加绿地系统的碳汇能力，吸收大气中的CO_2，减少碳排放对气候变化的影响。此外，还应在规划中鼓励循环利用资源，例如建设雨水收集系统、废物处理设施等，减少资源浪费和环境污染。

（3）生态基质规划布局

基质是范围广、面积大、连接度最高的背景地域，一般呈面状，在景观功能上具有优势地位。在绿地系统规划中，基质一般指本底生态系统要素（即城市的地理环境类型），如大片自然山体、森林植被、河流或大面积的各级自然保护区等。

在低碳增汇景观规划中，生态基质规划布局应通过合理配置和优化生态基质，提升城市绿地的生态功能与服务。生态基质作为城市绿地系统的基础，要在低碳增汇景观规划中发挥其最大效益，应从以下几个方面进行科学规划和布局：

首先，生态基质规划应注重连通性和网络化。通过构建绿地网络，使得不同类型和规模的绿地能互相连接，形成一个连续的生态基质。这不仅有助于维护生物多样性，提供野生动植物迁徙路径，还可以增强绿地系统的整体稳定性和抗逆性。其次，应强调多功能性和综合利用。生态基质不仅是城市绿地的基础，还可以承载多种生态功能，如雨洪调蓄、空气净化、噪声控制等。在规划中，应根据不同区域的实际情况，合理设计各类绿地的生态功能，使其在满足居民休闲娱乐需求的同时，最大化地实现生态环保目标。此外，应利用生态基质的碳汇功能优化碳排放。通过植物的光合作用，可以有效吸收和储存碳，减少城市碳排放。应在绿地系统中种植适宜的植物类型，特别选用具有高碳吸收和储存能力的树木和灌木，以增强城市的碳汇能力。最后，生态基质的设计应注重区域特色和文化融合。不同地区具有独特的自然条件和人文背景，规划时，应结合地域特色和文化元素，使绿地不仅具备生态功能，还能体现地方文化，增进居民的认同感和归属感。

2）城区低碳增汇绿地系统规划布局

城区低碳增汇绿地系统规划布局应考虑各类绿地的功能及要求。

绿地主要为公共提供休憩、休闲功能，兼具生态、美化、防灾等功能，城市居民能方便、快捷地利用是绿地布局的重要标准。因此，应以可达性来评价绿地为居民提供服务的能力，可作为绿地布局优化的重要手段。《城市绿地分类标准》CJJ/T 85—2017规定的不同类型城市公园公共服务半径可作为绿地系统布局优化的依据[6]。此外，统计指标法、旅行距离或费用法、最小距离法和引力模型法等也是常规的技术方法。

（1）公园绿地

公园绿地的均布能够为城市居民的日常休憩和工作环境提供均等的使用机会，减少市民至公园绿地的出行距离，使得市民能够在最短的、最均等的出行距离范围内享受自然的空气、清新的环境和舒适的活动场地。各类公园可以通过种植多样化的本土植物，提高生态多样性，增强生态系统服务功能。树种规划选择高碳吸收能力的植物，优化植被结构，增强公园的碳汇功能。

综合性公园和社区公园应尽可能地均匀分布在城市中，以保证市民的日常使用要求；各类专类公园和游园应丰富游憩类型和体系，同时兼顾城市景观的塑造；带状游园作为线形的公园绿地类型，应起到连接和串联的作用，增强公园体系联通性。

在明确公园绿地类型的基础上，还应从城市绿地系统的整体性出发，针对具体环境及相关规划条件，从功能的丰富性角度，对每一个公园绿地的建设内容提出特定性的要求，从而形成城市层面的统一规划安排，最终形成类型多样、内容丰富、互为补充的城市公园绿地体系。因此，对于各公园绿地的规划设计主要内容和建设特色等方面的规划定位是公园绿地规划的重要内容，也是实现城市绿地游憩功能多样、服务内容丰富的重要保障。

（2）防护绿地

防护绿地不仅具备卫生和隔离安全防护功能，还能有效减轻自然灾害和城市公害的影响。因此，防护绿地的布局应根据不同的防护对象和污染源进行规划。针对固定点源污染，防护林带应以污染源为中心，在各个方向上依据污染物落地浓度为半径进行布置；对道路噪声污染源，应根据道路类型和等级沿路缘向外设置不同宽度的绿色屏障；针对水体污染，应紧邻水体一侧设置植物缓冲区域来截留和去除污染物。

在受风沙、风暴、海潮、寒潮、台风等影响的城市，应综合考虑城市布局和主导风向，设置防风林带和通风林带；防风林应布置在城市外围上风向与主导风向位置垂直的地方，以有效阻挡风沙对城市的侵袭。卫生防护布局应根据污染物的传播规律进行，市政设施周围应设置防护绿地，以防治大气污染为目的的防护林应根据风向、风速、温度、湿度和污染源位置等因素进行合理布局。

铁路防护绿地应沿着铁路线布置，形成重要的绿色廊道，植物选择和配置需考虑这两方面需求；道路防护绿地是城市绿色网络的关键组成部分，对城市景观塑造至关重要。河流防护绿地应分布在城市河流两侧，起到绿化、美化和加固河道的作用。农田防护林应布置在农田附近，有助于防风，形成长方形网格，与常年风向垂直。水土保持林应布置在河岸、山腰和坡地，固土、护坡、涵蓄水源，减少地面径流和防止水土流失。高压走廊防护绿地应沿高压走廊线布置，按规范要求建设，确保足够的防护空间。

（3）广场用地

广场用地的布局选址应符合城市规划的空间布局和城市设计的景观风貌塑造要求，有利于展现城市的景观风貌和文化特色。其次应保证可达性，至少与一条城市道路相邻，宜结合公共交通站点布置。宜结合公共管理与公共服务用地、商业服务设施用地、交通枢纽用地布置。宜与公园绿地和绿道等游憩系统结合布置。

不同城市规模规划新建广场的面积不得超过不同城市规模规划新建单个广场的面积控制规定的面积上限。广场用地的硬质铺装面积占比应根据广场类型和游人规模具体确定，绿地率不应低于35%，广场用地内不得规划与广场自身的管理、游憩、服务功能无关的建筑用地，用于管理、游憩服务功能的建筑用地的面积占比不应大于2%。规划人均广场用地规模不应小于$0.4m^2$/人。在规划时可使用透水砖和渗透性铺装材料，增加雨水渗透，减少地表径流。设置绿化带和遮荫树，减少地面温度，缓解热岛效应。应使用太阳能或LED节能灯具，减少能耗和碳排放。

（4）附属绿地

规划附属绿地的绿地率指标，确定了主城区各类城市用地中绿地所必须达到的最低标准。附属绿地存在于城市各类用地之中，是城市绿地系统"点""线""面"几个空间类型层次中"点"的层次。附属绿地不参与城市建设用地平衡，但在城市中占地多、分布广，是城市绿化的基础之一。各类城市建设用地附属绿地的绿地率应符合国家有关规范。

根据《城市绿化规划建设指标的规定》（城建〔1993〕784号）文件规定：单位附属绿地占单位总用地面积比率不低于30%，其中工业企业、交通枢纽、仓储、商业中心等绿地率不低于20%；产生有害气体及污染工厂的绿地率不低于30%，并根据国家标准设立不少于50m的防护林带；学校、医院、休疗养院所、机关团体、公共文化设施、部队等单位的绿地率不低于35%。

在规划中，附属绿地应紧密围绕居民区、办公区、商业区等建筑布局，形成有机的绿色空间网络，提供便捷的绿色休闲和交通路径。根据不同区域的特点和需求，规划灵活多样的绿地类型，如屋顶绿化、立体绿化、雨水花园等，充分利用有限空间。优先选用本土植物进行绿化，这些植物适应性强，维护成本低，有利于提升生物多样性。通过构建多层次的植被结构，增强附属绿地的生态系统服务功能，如空气净化、温度调节、雨水拦截等。采用渗透性铺装、设置雨水花园和雨水收集系统，有效管理雨水，减少地表径流，同时用于灌溉等，减少水资源消耗。在绿地中安装太阳能照明设施，利用可再生能源，减少能源消耗和碳排放。

（5）区域绿地

城市绿地还可以通过植被的遮阴和蒸腾作用降低地面和空气温度，缓解城市热岛效应。因此，应考虑在城市建筑密集地段等城市热岛比较显著的区域布局绿地，使绿地与城市热岛相互穿插，以有效减轻城市的热岛效应，为居民提供更为舒适的生活空间。

从"生态优先"的原则出发，为了保证城市空间的有序发展，预先划定和保留城市周边的重要风景地段和亟待保护的地段，要明确边界，严格控制各类开发建设项目。

从城市大环境景观格局的构建出发，选择重要的景观区域作为城市的绿色背景加以保护和利用。完善城市绿地系统格局，用各种绿色廊道将市域绿地与城市本身的布局结构相融合，形成完善的绿地系统。

从城市游憩体系完善的角度考虑，在城市周边选择交通方便、游赏设施完善的区域作为城市游憩体系的重要补充，既可以丰富城市游憩体系的活动内容，又可以统筹城乡，一体化建设城市绿地系统。

在城市各组团之间，充分地利用基本农田、自然水域或者山体林地等资源规划布置城市组图隔离绿带，用以控制城市发展规模，防止城市连片发展。

从城市绿地的系统性出发，区域绿地与城区内绿地相互渗透，相互补充，构成完整的城乡绿地系统。

不同类型绿地的生态效益存在差异，因此在绿地组合配置时不能只关注景观效果，而应同时注重绿地生态效益的发挥[7]。乔木林具有较大的生物量，与灌木林相比具有较强的固碳能力；植物群落的降温增湿效果与郁闭度、叶面积指数和高度存在一定的关系，郁闭度高、结构复杂的乔木林地要显著高于结构简单的灌木林地和草地；多层关系的乔灌草植物群落比结构简单的植物群落降噪效果好；常绿阔叶乔木由于叶面积大而滞尘能力强，单一草坪滞尘能力最差，而乔（落叶阔叶树）、灌、草结合的凹槽型紧密林带最利于粉尘的沉降与阻滞。

根据绿地的固碳、降温增湿、降噪和滞尘等能力的综合比较可以看出，乔木林地的综合生态效益要高于灌木林地，草地的综合生态效益最低；结构复杂的乔灌草配置的绿地的综合效益高于结构单一的绿地[8]。因此，要实现城市绿地的低碳增汇，应适当增加高大乔木，采用乔、灌、草相结合的复层绿地结构，充分发挥绿地的综合生态效益。

4.2 低碳增汇景观设计

4.2.1 设计对象与目标

1）城市绿地全生命周期阶段与目标

低碳景观（Low Carbon Landscape Architecture）可以理解为：在景观规划设计、材料与设备制造、施工建造与日常管理以及使用的整个生命周期内，尽量减少化石能源的使用，提高能效、降低CO_2排放量，尽量增加景观系统的碳汇能力，形成以低能耗、低污染、高碳汇为基本特征的景观体系[9]。全生命周期阶段的低碳增汇景观设计是一种全面考虑环境、社会和经济可持续性的设计方法。主要应用于城市空间、建筑环境、自然区域和社区环境。在城市空间，设计着重于提升绿化覆盖率和改善城市气候，如公园、街道和广场的绿化。对于建筑环境，重点是通过屋顶花园和垂直绿化等手段，提高建筑的能源效率和生态价值。而在自然区域和社区环境中，则强调生态保护、生物多样性的恢复以及提升居民生活质量和环境意识[10]。

设计的核心目标是减少温室气体排放、提高生态效益、促进可持续发展以及提升社区参与和教育。通过采用绿色植被和可再生能源，设计努力提升植被碳汇效益、减少碳排放并实现城市碳中和。同时，通过增强生态系统服务功能，如空气和水体净化，以及保护生物多样性、提高生态效益。此外，设计还着眼于提升社区居民的环境保护意识，鼓励他们积极参与到可持续生活方式的实践中。

2）城市绿地全类型物质要素

全类型物质要素的低碳增汇景观设计是一种综合运用各种物质元素以促进低碳排放和碳吸收的设计方法。这种设计方法涵盖了自然物质要素（如土壤、水体和植被）、建筑物质要素（例如绿色屋顶和绿墙）、可再生能源（如太阳能和风能）以及循环利用材料（使用回收材料和可再生材料）。通过这些元素的综合运用，旨在改善生态环境，增强生物多样性，提高空气质量，同时优化建筑的能源效率，减少对化石燃料的依赖，降低碳足迹。

它旨在减少景观建设和维护过程中的碳排放，同时通过植被等自然要素的合理配置，增强碳吸存能力，提升环境质量和生物多样性。此外，这种设计方法还致力于促进生态系统的恢复和平衡，实现循环经济和可持续发展。通过使用可再生和回收材料，这种设计支持了一种更加可持续的发展模式。

4.2.2　城市绿地碳绩效测算

1）碳汇量测算

在低碳增汇景观设计部分的碳汇量测算中，通常将植物分为乔木、灌木和草本3个层次进行测算。

对于乔木层次的测算，通过对乔木进行空间量化对于碳汇量进行推算，通常包括直径法和体积法。对于直径法，通过测量乔木的胸径或直径，结合树高等参数，使用生物量方程计算生物量，推算碳汇量；对于体积法，根据乔木的体积估算生物量和碳储量，结合树种特性和密度等参数进行计算。

灌木层次的计算则包括丛生植物法和样地法。丛生植物法通过对灌木丛进行密度调查和生物量测量，推算灌木层次的生物量和碳储量；样地法则在灌木丛内设置样地，进行生物量测量和密度调查，推算灌木层次的碳汇量。

草本层次的碳汇测算方法包括地上部分法和根系法。通过采集草本植物的地上部分，测量生物量和碳含量，推算草本层次的碳汇量；根系法通过根系调查和生物量测量，估算草本植物的根系生物量和碳储量，综合考虑地上部分和根系的碳汇量。除了现有对于绿地碳汇的各个层次进行测算外，在评估景观树木的实际固碳效率时，"碳足迹"分析是不可或缺的。当前可供景观

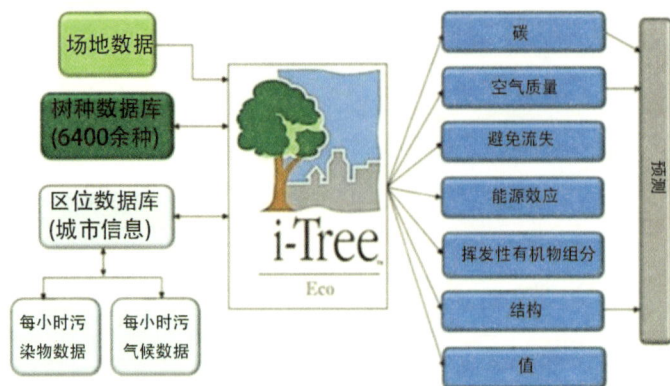

图4-3　输入i-Tree Eco模型计算的数据和函数
来源：i-Tree 2020

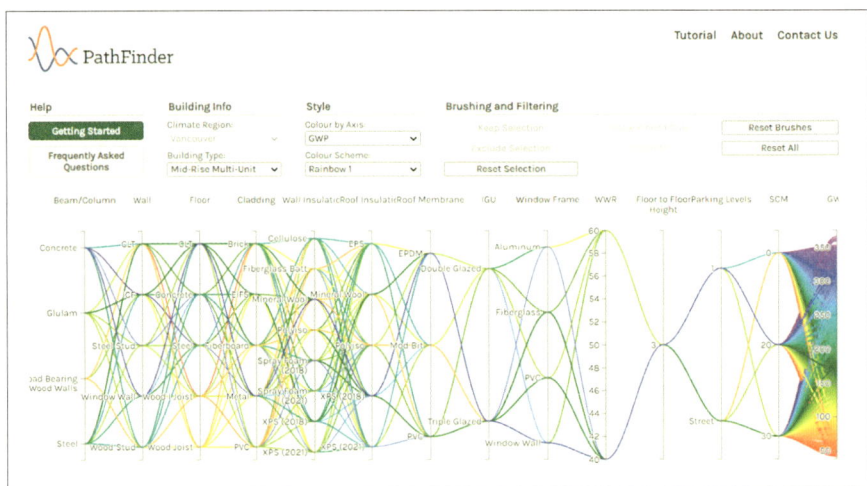

图4-4　隐含碳PathFinder测算工具
来源：https://blog.morrisonhershield.com/the-new-embodied-carbon-pathfinder-tool.

设计师使用的工具有美国林业局i-Tree（图4-3）和CMG景观设计公司的"探路者"（Pathfinder）应用程序（图4-4）。

2）碳排放测算

估算城市绿地设计的碳排放量通常涉及计算项目活动中化石燃料的使用以及施工和材料运输过程中的排放[11]。这可以通过碳足迹计算工具和生命周期评估（LCA）来实现，后者评估了从材料获取到产品生命周期终点的全部碳排放。

设定具体的碳排放减少目标涉及到评估现有碳排放水平，然后确定通过实施特定减排措施可实现的减排量。这些目标应该是可实现的、具有时间框架的，并且与国家或国际减排承诺保持一致[12]。

建立监测系统以跟踪进度并报告碳排放是确保减排目标实现的关键。这包括定期收集和分析碳排放数据，使用软件工具来简化数据管理和报告过程。监测和报告不仅有助于评估减排措施的有效性，也提高了透明度和可信度，有利于吸引投资和满足监管要求[13]。

采用ISO 14064中包括温室气体排放量、吸收量的量化、监测、报告和核查的相关内容[14]，评价景观设计在建设和运维阶段的碳足迹。在可持续社区管理方面，参考ISO 37101评价景观设计对社区可持续发展的贡献，包括生态系统服务、社区参与和生物多样性保护。参考《绿色建筑评价标准》GB/T 50378—2019（2024年版）[15]和《城市绿地规划标准》GB/T 51346—2019[16]，从能源利用效率、水资源利用、材料节约和环境质量等方面进行评价。

4.2.3　直接增汇设计方法

低碳增汇景观设计分别从植物配置、土壤保护、湿地改造以及固碳效率评价几方面展开。综合探讨景观系统碳汇的设计策略。以期为未来可持续的景观设计提供可操作的方法。

1）植物配置
树木通过在光合作用期间固定碳并将其作为生物质储存，实现生物碳汇，但考虑到随着树木成熟，植物的呼吸作用对固碳率的影响，增加植物未来的光合固碳能力还需要选择在其寿命期内能隔离更多碳的树种，也就是大型、寿命长、生长迅速的树种[17]；选择根系更深根或更多纤维根的树种，这不仅可以直接增加植物根系的固碳能力，而且会间接促进植物群落的生态系统稳定性[18]；增加木本植物在植物群落中的比例，因为木本植物比草本植物的生物量密度更大[19]；重视种植结构及树种的多样性，增加绿地的功能多样性，从而增强绿地应对气候变化的适应性及植物群落的固碳效率[20]。

2）土壤保护
未来的固碳景观设计应优先考虑如何维护土壤生态健康，保护土壤微生物系统的平衡。低碳景观设计提升土壤固碳能力的途径，食物网中的生物对营养物质的循环，将碳长期储存于地下[21]，从而最大限度地提高土壤碳储存量[22、23]；增加地被植物以及低矮匍匐型地被植物的比例，来减少土壤有机碳的丧失[24]；使用堆肥和堆肥茶代替合成肥料，此举既保护了土壤中微生物系统、增加固碳效率，又可以将碳长期封存在土壤中[25]。

3）湿地改造

湿地是重要的碳汇源，由于在湿地中的植物细胞凋亡后，生物体中很多不易溶解的碳会以木质素、纤维素等形态封存于湿泥土中，而湿地自身的周期性淹水状态导致土地一直处于厌氧状态，进而抑制了碳的溶解[26]。未来河湖滨水岸带景观及人工湿地改造可采用以下措施：依场地气候条件选取柽柳、红树等耐涝且根系发达的乔木树种，增加固碳效率；通过扩大水生植物种植区来增加滨水湿地固碳面积[27]；多选择低矮耐水湿环境的木本常绿灌木，因为这样既降低了养护成本也给湿地鸟类提供了浆果食物来源；利用自然生态驳岸、增加湿地公园及滨水岸带的生态多样性，以增加生态系统稳定性，提升长期固碳效率。

4.2.4　间接减排设计方法

1）通风减排

构建城市通风廊道是提升城市空气流通能力和缓解城市环境问题的有效措施。为加速城市空气流通性，学者们以空气流动原理和城市结构为基础，提出作用空间、补偿空间和空气引导通道组成的城市通风系统。其中作用空间主要是以城市中心为重点组成部分的区域，建筑物密集，社会活动多，是城市病的集中区域，急需改善风环境或降低污染的地区。补偿空间是城市周围产生新鲜空气或局地风系统的来源地区，多以森林、绿地为主，为作用空间提供新鲜空气。空气引导通道一般是基于连续的、线性的道路、河流、绿地开敞空间体系进行构建引导空气在补偿空间和作用空间中交换[28]。

通风减排主要通过优化景观布局和设计以改善空气流通，从而降低能源消耗和减少温室气体排放[29]。这种方法主要依赖于城市绿化带设计、水体配置以及建筑与自然环境的协调。通过设计城市绿化带，如恰当地安排树木和公园，可以有效引导空气流动，同时提供阴凉，减少城市热岛效应。水体的配置也是关键，如池塘和小溪的蒸发作用能够降低周围温度，增强自然冷却效应，减少对人工制冷设备的依赖。此外，将自然通风元素融入建筑设计，例如合理设置窗户的位置和大小，可以促进室内外空气流通，降低对机械通风的需求。

这种设计方法的核心在于综合考虑地形、气候、植被类型和城市布局等因素，以实现最优化的空气流通效果。例如，考虑到风向和地形特征，城市中的绿化带和开放空间可以设计成自然风道，有效地引导和加速风的流动，促进城市内部的空气交换。良好的通风规划不仅能够提高城市的通风效果，还能降低空气污染物的积聚，从而减少城市的整体能耗和碳排放。

综合而言，通过提高自然通风效率，减少对空调和加热系统的依赖，通风减排不仅有利于减少环境污染和温室气体排放，而且为城市居民提供了更加舒适和健康的生活环境。因此，通风减排在实现低碳城市目标和提升居住质量方面发挥着至关重要的作用[30]。

具体而言，北京市西红门城市森林的研究案例通过将风廊宽度、长宽比、坡数、坡角分别导入Ecotect软件进行风廊模拟，推导出风廊的最优模型结构（图4-5）。在成都天府的通风减排研究中（图4-6），利用Pheonics风模拟软件对现状环境进行模拟，识别主要通风廊道、次级通风廊道，为片区风环境规划奠定基础，补充一条规划风廊。场地风环境主要受东侧山脉影响，

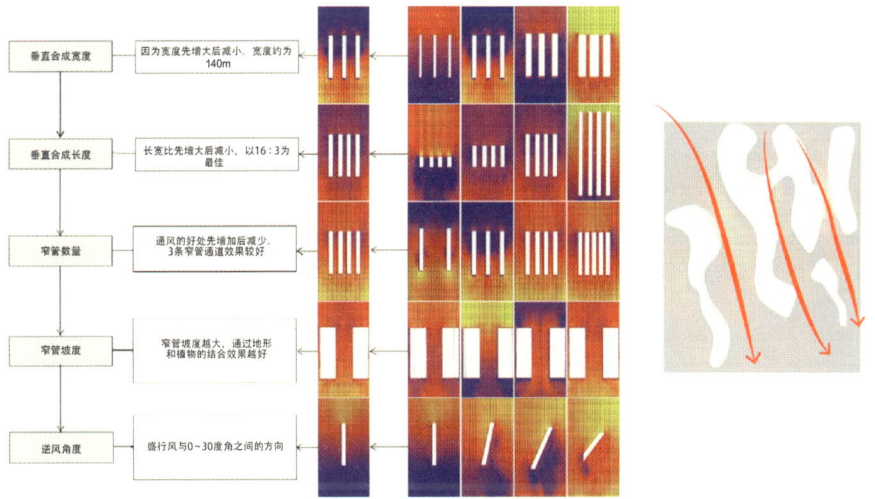

将风廊宽度、长宽比、坡数、坡角分别导入Ecotect软件进行风廊模拟，推导出风廊的最优模型结构。

图4-5　北京市西红门城市森林通风减排优化模式

图4-6　成都天府新区绿色低碳绿地系统研究生态通风廊道示意

西侧整体地势较平缓，山脉西侧浅山区形成的低风速微气候环境主要受山脉俯冲风影响。规划研究发现存在2条主要潜在风廊，1条次级潜在风廊。主要风廊：西北城镇建设区—鹿溪河生态带—毛家湾绿楔/雁溪湿地；次级风廊：龙泉山前麓南北向。

2）降温增湿

降温增湿方法是一种通过改善微气候来间接减少能源消耗和温室气体排放的策略。其主要依靠植被配置、水体设计、材料选择以及绿色屋顶和墙体的应用[31]。植被的选择和布局在降低地表温度和增加空气湿度方面起着关键作用，通过树木的遮阴和蒸腾作用有效地降低周围空气温度，同时增加湿度。此外，水景如喷泉和人造湖通过蒸发冷却作用帮助降温和增湿，同时为城市环境增添美观。

在材料选择上，采用反射率高的材料能减少热量吸收和积聚，从而降低环境温度。例如，浅色的铺地和建筑材料能有效反射太阳光，减少热岛效应[32]。同时，绿色屋顶和垂直绿化墙体不仅为城市空间提供额外的绿色，还通过植被的蒸腾作用降低建筑内部温度，进而减少对空调的依赖和能源消耗。这些设计元素共同作用，创造出更加凉爽湿润的城市微气候，提高居住和工作环境的舒适度。

降温增湿方法不仅改善了城市和建筑的微气候，还显著降低了能源消耗和温室气体排放。通过优化植被布局、水体配置和材料选择，这种设计方法有效地减少了对人工制冷和加湿系统的需求，为实现低碳城市目标提供了重要支持[33]。此外，这种设计还增强了城市的生态美学，为居民提供了更加健康、舒适的生活环境。这种综合考虑环境、社会和经济因素的设计方法，展示了如何通过景观设计实现可持续发展目标，同时提升城市居住者的生活品质，如巴彦淖尔青春湖湿地公园通过降温增湿营造的植物景观（图4-7）。因

图4-7　巴彦淖尔青春湖湿地公园降温增湿植物景观

此，降温增湿在推动城市向低碳、高效和宜居方向发展中扮演着关键角色，是实现绿色城市愿景的重要组成部分。

在降温增湿层面，成都天府城市热岛主要集中在已建成的城镇开发片区（中优片区、总部商务区、科学城片区），3条冷源廊道位于鹿溪河生态带、毛家湾绿楔、龙泉山森林公园。冷岛降温效益较好，存在3条冷源廊道，主要为鹿溪河森林生态带、毛家湾绿楔、龙泉山森林生态区。

3）绿色出行

低碳增汇景观设计中的绿色出行方法是一种减少交通碳排放的间接减排策略，主要通过优化城市布局和增强非机动交通设施来实现[34]。这种方法强调在城市设计中加强步行道和自行车道的建设，提供安全、舒适的非机动行走环境，从而鼓励人们选择步行或骑行作为日常出行方式。此外，通过构建高效的公共交通网络，如便捷的公交、地铁和轻轨系统，并在公共交通站点周围营造舒适的等候环境，可以有效减少私家车的使用，降低碳排放[35]。

在城市空间规划方面，通过实施混合用途的规划，减少居住区与工作区之间的距离，能够显著降低居民的通勤需求。这种规划不仅能够减少长距离通勤所产生的碳排放，还有助于提升城市居民的生活便利性和整体生活质量。同时，绿色交通倡导和教育也是促进绿色出行的重要组成部分。通过组织各种宣传活动和社区互动，可以提高公众对环保出行重要性的认识，并鼓励他们参与到低碳生活方式中。

综合来看，绿色出行作为低碳增汇景观设计的一个关键方面，不仅促进了城市交通系统的可持续发展，还有效降低了城市的整体碳足迹。通过改善步行和骑行设施、优化公共交通网络，以及实施合理的城市规划，这种方法不仅有助于减少环境污染和温室气体排放，而且提高了城市居民的生活质量和健康水平。这种综合考虑交通、环境和居民生活习惯的设计方法，展示了如何通过景观设计实现可持续发展目标，同时为城市居民提供了更加舒适、便捷和绿色的出行选择。因此，绿色出行在推动城市向低碳、高效和宜居方向发展中扮演着至关重要的角色，是实现绿色城市愿景的重要组成部分[36]。

4）生态留野

世界自然保护联盟（International Union for Conservation of Nature，IUCN）将"荒野地"（Wilderness Area）定义为"大面积的、保留原貌或被轻微改变的区域，保存着自然的特征和影响力，没有永久的或明显的人类聚居点，该区域被保护和管理，以保存其自然状态"[37]。留野，即保留自然状态的土地，不进行人为干预，让野生动植物能够在自然环境中自由生长和繁衍，这有助于保持生物多样性，维护生态平衡。其核心是保护自然环境和生物多样性。

通过保留自然植被、湿地、水体等自然生态系统，可以为野生动植物提供栖息地，维持生态平衡。这些自然区域不仅能促进物种多样性，还能提供重要的生态服务，如空气净化、水源涵养、土壤保持等，从而实现低碳目标。植物通过光合作用吸收CO_2，是自然界中重要的碳汇。留野通过保留自然林地或重新植树造林，增加绿色植被覆盖，不仅可以美化环境，还能有效吸收大气中的CO_2，减少温室效应，实现低碳目标[38]。

在温榆河公园的建设中，预留一处留野区——温榆生态心（图4-8）。根据规划，$30km^2$的温榆河公园中，将有大约三成面积用于留野，采取封闭式管理，其中所有植被原状保留，不采取修剪、割除、除虫等措施。温榆生态心是其中最大的一处，位于清河、温榆河的交汇处。

图4-8　温榆河公园——温榆生态心
来源：https://swj.beijing.gov.cn/swdt/ztzl/sstxczl/sstzx/202304/t20230420_3061624.html

4.2.5　直接减排设计方法

1）建造技术与方法

低碳增汇景观设计中的直接减排方法重点在于采用低碳景观建造技术与方法，旨在直接减少景观建设和维护过程中的碳排放[39]。这包括选择环保材料，如使用可回收、可再生资源和本地采购的材料，减少材料生产和运输过程中的碳足迹。此外，实施节能设计也至关重要，例如采用太阳能照明、雨水收集系统和优化灌溉系统，这些技术能显著降低对传统能源的依赖，减少能源消耗和相关的碳排放。

施工过程中的生态友好方法也是降低碳排放的关键环节。这包括尽量减少地面扰动、保护现有的自然资源如树木和土壤，以及使用电动或低排放施工设备。此外，绿色屋顶和垂直绿化墙体的应用不仅提供了额外的绿化空间，还有助于建筑物的隔热和降温，从而减少建筑能源消耗。这些绿化结构也能吸收大气中的CO_2，增加城市的碳汇功能[40]。

2）材料标准与应用

低碳增汇景观设计中运用低碳景观材料是实现直接减排的重要方法之一，这些材料的选择和应用基于降低碳排放的标准和原则。关键在于选择那些可持续和可再生的材料，比如经过认证的木材和竹材，这些材料来源于可持续管理的资源，并能从自然中快速再生。此外，选择在生产和加工过程中能耗低、碳排放少的材料也至关重要，这样可以在整个生命周期中降低碳足迹。

低碳景观材料的选用还应考虑本地采购和生产，以减少运输过程中的碳排放。本地采购的材料不仅减少了碳排放，还支持当地经济，形成良性循环[41]。同时，优先选择那些可以被回收利用的材料，或者由回收材料制成的产品，这不仅减少了对新资源的需求，也降低了废弃物和相关的碳排放[42]。耐久性和维护需求低的材料也是一个重要考虑因素，因为这些材料可以减少长期的能源和材料消耗，从而降低整体的碳足迹。

思考题

1. 低碳增汇景观规划中，如何平衡城市发展需求与生态保护的关系？
2. 如何通过低碳增汇景观规划提高城市绿地的碳汇效率？

延伸阅读

1. BECK T. Principles of ecological landscape design[M]. Washington, DC: Island Press, 2013.
2. RAINER T. WEST C. Planting in a post-wild world: Designing plant communities for resilient landscapes[M]. Portland, OR: Timber Press, 2015.
3. 陈宏，等. 街区空间微气候营造策略[M]. 北京：中国建筑工业出版社，2018.
4. 杨静. 建筑材料与人居环境[M]. 北京：中国建材工业出版社，2017.
5. 田国行. 绿地景观规划的理论与方法[M]. 北京：中国林业出版社，2016.
6. 杨赛丽. 城市园林绿地规划[M]. 北京：中国建筑工业出版社，2015.
7. 杨丽. 绿色建筑设计：建筑节能[M]. 北京：中国建筑工业出版社，2019.

参考文献

[1] 杨赛丽. 城市园林绿地规划[M]. 北京：中国林业出版社，2019.
[2] 王淑平，周广胜，吕育财，等. 中国东北样带（NECT）土壤碳、氮、磷的梯度分布及其与气候因子的关系[J]. 植物生态学报，2002（5）：513-517.
[3] 于贵瑞，张雷明，孙晓敏，等. 亚洲区域陆地生态系统碳通量观测研究进展[J]. 中国科学（D辑：地球科学），2004（S2）：15-29.

［4］ ANDERSON M C, et al. A thermal-based remote sensing technique for routine mapping of land-surface carbon, water and energy fluxes from field to regional scales[J]. Remote Sensing of Environment, 2008. 112(12): p. 4227-4241.

［5］ 杨庆媛. 土地利用变化与碳循环[J]. 中国土地科学, 2010, 024（10）：7-12.

［6］ 住房和城乡建设部. 城市绿地分类标准CJJ/T 85—2017[S]. 北京：中国建筑工业出版社, 2017.

［7］ 彭建, 吕丹娜, 董建权, 等. 过程耦合与空间集成：国土空间生态修复的景观生态学认知[J]. 自然资源学报, 2020, 35（1）：3-13.

［8］ 苏泳娴, 黄光庆, 陈修治, 等. Research progress in the eco-environmental effects of urban green spaces城市绿地的生态环境效应研究进展[J]. 生态学报, 2011, 31（23）.

［9］ 付允, 汪云林, 李丁. 低碳城市的发展路径研究[J]. 科学与社会, 2008, 000（2）：5-10.

［10］ 田国行. 绿地景观规划的理论与方法[M]. 北京：科学出版社, 2006.

［11］ 韩晓莉, 宋功明, 王军. 城市绿地系统的生态规划方法初探[J]. 西安建筑科技大学学报：自然科学版, 2003. 35（2）：4.

［12］ GIVONI B. Impact of planted areas on urban environmental quality: a review[J]. Atmospheric Environment. Part B. Urban Atmosphere, 1991, 25(3): 289-299.

［13］ ASDRUBALI F, EVANGELISTI L, Guattari C. Green roof for zero energy buildings: a pilot project[C]//IOP Conference Series: Materials Science and Engineering. IOP Publishing, 2019, 609: 072011.

［14］ WINTERGREEN J. DELANEY T. ISO 14064. international standard for GHG emissions inventories and verification[C]//16th annual international emissions inventory conference. Raleigh. NC. 2007.

［15］ 住房和城乡建设部. 绿色建筑评价标准：GB/T 50378—2019（2024年版）[S]. 北京：中国建筑工业出版社, 2024.

［16］ 住房和城乡建设部. 城市绿地规划标准：GB/T51346—2019[S]. 北京：中国建筑工业出版社, 2019.

［17］ POUYAT R V, YESILONIS I D, NOWAK D J. Carbon storage by urban soils in the United States[J]. Journal of environmental quality, 2006, 35(4): 1566-1575.

［18］ DEMENOIS, JULIEN, REY, et al. Linkages between root traits, soil fungi and aggregate stability in tropical plant communities along a successional vegetation gradient[J]. Plant & Soil, 2018.

［19］ 王灿, 张雅欣. 碳中和愿景的实现路径与政策体系[J]. 中国环境管理, 2020, 12（6）：58-64.

［20］ GARNIER E, NAVAS M L, GRIGULIS K. Plant functional diversity: organism traits, community structure, and ecosystem properties[M]. Qford: Oxford University Press, 2016.

［21］ KALLENBACH C M, FREY S D, GRANDY A S. Direct evidence for microbial-derived soil organic matter formation and its ecophysiological controls[J]. Nature communications, 2016, 7(1): 13630.

［22］ BECK T. Principles of ecological landscape design[M]. Washington, D.C. Island Press, 2013.

［23］ YANG Y, TIMAND, FUREY G, et al. Soil carbon seques-tration accelerated by restoration of grassland biodiversity[J]. Nature Communi. Cations. 2019, 10: 8636.

［24］ RAINER T, WEST C. Planting in a post-wild world: Designing plant communities for resilient landscapes[M]. Portland, OR: Timber Press, 2015.

［25］ SIMARD S W, BEILER K J, Bingham M A, et al. Mycorrhizal networks: mechanisms, ecology and modelling[J]. Fungal Biology Reviews, 2012, 26(1): 39-60.

[26] ZHANG W, MA J, LIU M, et al. Impact of urban expansion on forest carbon sequestration: A study in Northeastern China[J]. Polish Journal of Environmental Studies, 2020, 29(1).

[27] AHMED N, BUNTING S W, GLASER M, et al. Can greening of aquaculture sequester blue carbon?[J]. Ambio, 2017, 46: 468-477.

[28] WEI WU W, FEI NAN L I, DI W, et al.Urban ventilation corridor construction based on ventilation potential and quantitative analysis of wind characteristics[J]. Journal of Zhejiang University (Engineering Science), 2019.

[29] 杨丽. 绿色建筑设计：建筑节能[M]. 上海：同济大学出版社，2016.

[30] 刘军. 国外低碳城市的建设经验及对我国城市化的启示[J]. 科技进步与对策，2010，27（22）：60-63.

[31] 刘念雄，秦佑国. 建筑热环境[M]. 北京：清华大学出版社，2005.

[32] 杨静. 建筑材料与人居环境[M]. 北京：清华大学出版社，2001.

[33] 陈宏，韩梦涛. 街区空间微气候营造策略[M]. 武汉：华中科技大学出版社，2021.

[34] 丁川，王耀武，林姚宇. 公交都市战略与TOD模式关系探析——基于低碳出行的视角[J]. 城市规划，2013（11）：54-61.

[35] 曹小曙，杨文越，黄晓燕. 基于智慧交通的可达性与交通出行碳排放——理论与实证[J]. 地理科学进展，2015，34（4）：418-429.

[36] 李晓易，谭晓雨，吴睿，等. 交通运输领域碳达峰、碳中和路径研究[J]. 中国工程科学，2021，23（6）：15-21.

[37] DUDLEY N. Guidelines for Applying Protected Area Management Categories[M]. Gland, Switzerland: IUCN, 2013: 1-24.

[38] CEAUSU S, GOMES I, PEREIRA H M. Conservation planning for biodiversity and wilderness: a real world example[J]. Environmental Management, 2015, 55(5): 1168-1180.

[39] 杨锐，王俊杰. 景观视角下中国低碳城市发展路径的思考[J]. 城市发展研究，2011，18（1）：53-58.

[40] 辛章平，张银太. 低碳经济与低碳城市[J]. 城市发展研究，2008（4）：98-102.

[41] ASLA.Rwanda Institute for Conservation Agriculture(RICA)[EB/OL]. [2021-09-27]. https://www.asla.org/RICA.

[42] KALA J, HIRSCH A.Could Crop Albedo Modification Reduce Regional Warming over Australia?[J]. Weather and Climate Extremes, 2020.30: 100282.

第 5 章

低碳增汇植物景观规划设计

【本章提要】植物通过光合作用将CO_2和水转化为自身需要的有机物并释放出O_2，为整个生命体系提供物质和能量。被吸收的CO_2一部分储存于植物体内，一部分通过凋落物、植物死亡和分解等方式进入土壤，减少了大气中的CO_2含量并增加了氧气的释放，缓解了温室效应和气候变化，植物光合作用是植物固碳增汇的基础。在当前主要固碳增汇技术中，发挥植物的固碳增汇功能是关键路径之一。因此在城市绿地建设中，从植物景观规划、植物群落设计、植物种类选择等多角度全方位落实"碳增汇"，从植物景观工程建设各环节实现"碳减排"尤为重要。本章从低碳增汇植物景观设计流程、低碳增汇植物景观总体布局、低碳增汇植物群落设计、高碳增汇树种选择4个方面阐述如何进行低碳增汇植物景观规划设计。

　　城市是温室气体的主要排放源，我们普遍认为城市绿地是城市中唯一的自然碳库，是实现碳汇功能、缓解温室气体排放的主要途径，因为园林植物具有吸收并储存CO_2的能力，从而可以减少大气中的CO_2浓度。但也有些学者指出一些绿地在建设过程中特别是一些高能耗材的应用和后期维护会产生的CO_2，可能超出了种植植物所能吸收的CO_2。因此，要切实发挥城市绿地的固碳增汇功能，必须要客观审视城市绿地建设中的碳汇和碳排水平，积极研究低碳增汇的城市绿地结构，科学合理的进行绿地规划设计和管理维护。其中，植物作为最有效的固碳增汇要素和景观要素，同样需要进行科学合理地低碳化建设。一方面，着眼于"碳汇"的高吸收，从增加绿化面积和绿化总量、优化植物配置、选择适宜植物种类等多角度入手，切实提升植物景观自身的固碳增汇能力，发挥城市绿地植被碳库和土壤碳库的重要功能。另一方面，着眼于"碳源"的减少，采用低能耗、低排放的植物景观建设和运营模式，通过合理的植物景观设计，减少在植物景观建设施工和后期管理维护过程中浇水、施肥、喷药等资源消耗，从而最大限度地降低各个环节的CO_2排放。

植物景观在整个园林用地中所占比重最大,直接影响到整个绿地的外观、质量和固碳增汇效益。为了实现绿地的低碳增汇目标,在对场地现有植物和土壤资源最大保护的基础上,从植物景观规划、植物群落设计、种植施工到养护管理等各个环节中最大限度地节约各种资源,减少资源消耗和浪费,增加碳汇,减少碳排。有研究表明,影响城市绿地固碳增汇效益的因素包括绿地布局和绿量,植物群落组成和结构层次、郁闭度、植物数量和规格、叶面积指数等[1]。因此,本章从城市绿地、植物群落两个层级阐述低碳增汇植物景观规划设计。

5.1.1 城市绿地层面

城市绿地是指城市专门用以改善生态、保护环境,为居民提供游憩场地和美化景观的绿化用地。为了营造低碳增汇的城市绿地,总体上应保证植物景观绿量充足、结构完整。绿量在很大程度上决定了绿地固碳能力的高低。增加绿地面积和绿化总量,构建完整连续的植物景观空间布局,优化植物景观设计,能够全面提升城市绿地的固碳增汇能力。

在城市绿地的保护和建设中,首先,应根据实际用地情况,最大程度地保护城市周边及内部的风景林、生态林、湿地等,保留原生植被和土壤地貌不受破坏。其次,在城市内部利用道路、河流等线性要素,营造网络化的植物景观结构,提升城市网络的绿化覆盖率;构建通风廊道系统,以调节城市微气候,从而缓解热岛效应。最后,在大型绿地格局基本成型的基础上,适当增补社区公园、口袋公园等小型绿地,全方面增加碳汇绿地的同时,发展市民可达性高的绿色空间,减少因交通、运输等造成的人为碳排放;鼓励因地制宜地建设垂直绿化、屋顶绿化等,全面提高土地使用效率,提升城市的三维绿量,减少建筑能耗。

5.1.2 植物群落层面

植物群落对于绿地的碳汇功能有着重要影响。在低碳增汇的植物群落设计上,根据地带性植被特征,模拟植物种类多样、结构层次丰富、稳定性强、低维护的近自然植物群落,是绿地低碳增汇的重要路径之一。

植物群落结构、郁闭度、种类组成、群落林龄等都会影响整个植物群落的固碳增汇能力[2]。乔木、灌木、草本复层混交的植物群落结构的碳汇能力更强;植物群落郁闭度越高,碳汇能力也越强,但当郁闭度达到了一定的峰值后,会造成树冠之间空间不足,同时也不利于下层植物生长;常绿落叶混交林比单纯的常绿林或落叶林具有更强的固碳能力;植物为幼龄林和中龄林时固碳能力更强。因此，在进行低碳增汇植物群落设计时，可以自然式本土植物种植为主，营建常绿落叶混交、乔灌草复层、郁闭度较高但不影响植物正常生长的幼龄和中龄植物群落。

在群落中，植物个体的固碳增汇能力与其适生性、生活型、年龄、生物量、健康状况等有着密切的关系。因此，在城市绿地植物景观设计中，应充分考虑这些因素以实现固碳增汇目标。①适地适树，选择抗逆性和适应性都相对较强的乡土树种，这样更能够适应当地的土壤、水分和气候环境，水、肥、修剪等管养产生的碳排放更少。一般来说，乔木的碳汇能力最强，灌木大于草本地被。②应选择中龄和幼龄植株，生物量增长越大碳汇能力越强，而成熟和过熟植株生物量生长放缓或停止生长，碳汇能力则降低。③生物量是衡量植被碳汇能力的重要指标，多选择地上生物量大、地下根系多的植物种类。④选择健康植株才能保证植物正常生长，正常发挥固碳功能，降低病虫害风险，减少后期维护碳排放。此外，研究资料表明有些树种的固碳能力较强，在植物景观设计时，可优先选择这些种类。

5.1.3 规划设计流程

在进行低碳增汇植物景观规划设计时，除了满足一般绿地需要实现的功能、游赏、美学等效益以外，应把增加碳吸收、减少碳排放、提升生态环境质量放在首位，从绿地—植物群落—植物个体各个层级实现低碳增汇。植物景观规划设计流程如下（图5-1）：

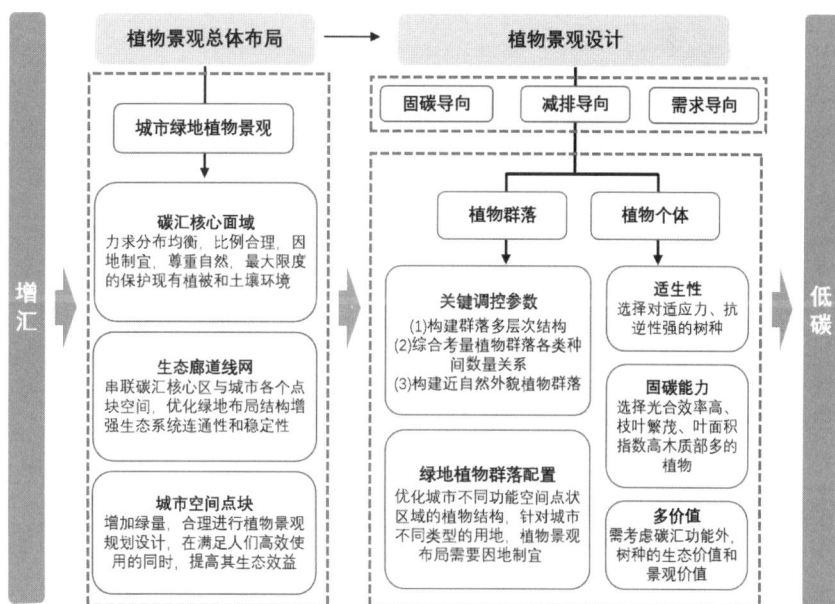

图5-1 低碳增汇植物景观规划设计流程

（1）植物景观规划阶段：低碳增汇原则应贯穿整个植物景观规划设计流程，对景观全生命周期的固碳增汇和低碳减排至关重要。植物景观规划是建设发展的先导，通过绿地绿量调控、布局优化等实现绿地的低碳增汇。根据整个城市的生态网络构建，如生态廊道、绿色空间连通性以及绿地结构和功能需求，确定植物景观空间布局，确保绿地的连通性，增加绿地覆盖率；充分利用城市的各种空间资源，如道路绿化带、屋顶花园、废弃地块等，增加城市的绿化覆盖率和碳汇能力，促进生物多样性和提高城市整体的生态功能，降低城市热岛效应，减少碳排放。

（2）植物群落设计阶段：结合植物景观规划布局及功能分区，设计多样化的植物群落。在满足景观要求的同时，从群落结构、郁闭度、种类组成等多角度增加碳储量，同时提供生物栖息地。根据植物的生长特点和空间需求合理布局，在适当地段形成较密集的植物群落，提高固碳效率。注重植物群落的垂直结构，包括树冠层、灌木层和草本层，配置不同高度和生长形态的植物，以最大限度地增加固碳表面积。增加植物群落内的物种多样性，促进种间相互作用，提高生态系统的稳定性和抗干扰能力。

精心选择植物个体，考虑其碳汇能力、生长习性、适应性、病虫害抵抗力等因素；选择具有较高光合作用效率的植物种类，提高固碳速率。优先选择生长速度适中、寿命较长的植物，以保持碳储量的稳定增长。选择具有较强适应性和抗逆性的植物，以适应城市环境中的各种干扰，保证景观的长期稳定性，减少后期养护能耗。选择深根系且根量多的植物，有助于增加土壤碳储量，并改善土壤结构，提高土壤的碳汇能力。

5.2 低碳增汇植物景观总体布局

在低碳绿地的结构布局中，需考虑城市的国土空间规划、市域绿地系统及生态网络布局等，尊重城市生态基础，完善区域绿地碳汇网络结构，结合"斑块—基质—廊道"生态空间，确保市域、城区和街区的绿化覆盖率、绿地服务半径覆盖率等指标达到平衡。追求碳汇网络的均匀高效分布，协调不同用地之间的关系，增加区域绿地的规模和碳汇能力，实现城市区域绿地碳汇总量的提升。低碳增汇植物景观规划设计在为绿地实现低碳效应方面起到至关重要的作用。低碳增汇植物景观总体布局应遵循城市绿地的网络结构、生态空间及发展规划等，结合气候、地形和土壤条件等因素，最大限度地提高植物景观对碳的吸收和固定能力，同时满足城市居民的休闲和美观需求。通过合理配置植物群落，发挥植物景观固碳增汇、降温增湿、通风减排等提升环境质量的重要作用，为城市居民提供更加宜居的环境。在低碳植物景观总体布局上，可以从核心碳汇基质、生态碳汇廊道、不同功能的碳汇斑块等方面增加碳汇能力，从低碳植物景观设计及维护方面减少碳排放。

5.2.1 碳汇基质核心的植物景观

城市绿地作为城市集中建设区域内自然生态空间的重要组成部分，它是城市重要的休闲游憩活动场所，同时具有通过碳汇功能减少碳排放、保护和改善城市生态环境的作用，根据城市绿地和生态空间布局结构，在城市周边、中心城区或者人口密集区域规划布局多个核心碳汇区域，可以是森林、湿地、大型公园绿地等不同生态系统[3]，这些区域应具有较大的面积，呈斑块状，奠定整个城市的碳汇基质和基础。力求分布均衡，比例合理，以低碳增汇为目标，尊重原有地形、水体、植被等条件，因地制宜，最大限度地保护自然山体、河湖水景、现有植被和土壤环境，模拟自然植物群落模式，保证植物种类及植物景观的多样性，提高植物景观的生态效益和碳储量，以形成城市绿地碳储集中区和"城市碳库"。

5.2.2 生态廊道线网的植物景观

城市绿地根据不同面积与特征承担城市中主要和次要的生态核心功能，绿色生态廊道则是沟通和联系这些生态核心功能的介质。通常将城市生态环境中由人工干预或天然形成的绿色条带状空间统称为城市绿色生态廊道，沿城市主要道路、河流水系、铁路线网等城市交通动脉，规划建设生态绿廊和绿带，将城市不同的功能区和生态核心等碳汇区域连接起来。通过植物景观串联城市内部街道、建筑、开敞空间等各个区域，可以增强生态系统的整体连通性和稳定性，优化城市绿地布局结构，形成完善的城市碳汇网络；促进斑块间的生物迁移，提高生物多样性，同时形成城市通风廊道，调节城市小气候，提高固碳增汇的整体效果。

5.2.3 城市斑块空间的植物景观

城市中不同功能的空间斑块如广场、街头、居民社区等，呈"大范围分散，小范围集聚"的特点，兼顾多种功能，包括生态功能、社交功能、体育休闲功能等。通过增加绿量，合理地进行植物景观规划设计，使得这些城市空间斑块成为植被碳库的重要场所，在满足人们高效使用的同时，提高其生态效益。

优化城市不同功能空间斑块的植物结构，针对不同类型的用地，植物景观布局需要因地制宜。在污染源周边，可通过增加通风廊道，利用建筑布局和引导风廊，有效吸收二氧化碳。商业广场则需要整合碎片化的绿地，形成点块状的布局，科学应用绿化屋顶、立体绿化、垂直绿化等形式，增加城市的绿色覆盖面积，提高城市环境质量，利用城市空间增加碳吸收面积。对于居住区或单位附属绿地，应配合建筑形成通风廊道，调整绿地斑块形状以提高单位面积的固碳量。对于公园绿地，植物布局应顺应场地自然条件，以自然式布局为主，因地制宜、相地合宜。减少大面积硬地广场和草坪，充分利用绿地空间提升三维绿量，增强单位绿地面积的碳汇能力，打造低碳生态园林。

低碳增汇植物景观的总体布局应该是连续化、多样化的，与城市结构融合，并兼顾美观性和实用性。在城市中形成完整的植物景观系统，最大限度地增加植物景观的碳吸收和固定能力，同时提升城市的生态环境质量和居民的生活品质，促进城市生态环境健康发展。

5.3 低碳增汇植物群落设计

植物群落是相互作用的植物种群在协同进化中形成的，汇聚了各类植物资源，为动物和其他生物提供食物来源和栖息地。植物群落对改善生态环境的作用巨大，能吸收大气中的CO_2，减缓温室效应，控制水土流失。另外，特定的气候、土壤和地形条件发育了不同的植物群落，反映了植被的地域性特征。

植物群落按其形成可以分为自然群落和人工群落。自然群落是自然发育而形成的植物群落。大量研究表明，森林群落是低碳增汇能力最高的一种群落类型。人工群落是通过景观设计人为把多种植物组合在一起而形成，服务于人们生产、观赏、改善环境等需要，人工群落多位于城市区域内，由于受城市环境和人为干扰的影响，与原生森林植物群落有很大不同，主要有城市公园、居住区附属绿地、街头绿地等，固碳增汇是城市植物群落对低碳城市的最直接贡献。因此，城市低碳增汇人工植物群落设计中，更应师法自然，遵循自然群落的生长发育规律，借鉴近自然植物群落模式，营造丰富多样的近自然群落，提高群落稳定性，提升碳汇能力[4]。

5.3.1 设计导向

低碳增汇植物群落设计旨在最大程度地提高植物群落对碳的吸收和固定能力，为城市生态环境的改善和可持续发展做出贡献。因此，在植物群落设计时，应重点关注增汇与减排导向，以构建具有高碳汇功能的植物群落。

1）固碳导向

固碳增汇是植物群落对城市生态环境的最直接贡献。植物通过光合作用吸收二氧化碳在光能作用下转变为氧气、糖和其他有机物，提供最基本的物质和能量来源。植物的固碳释氧功能有效地将空气中的二氧化碳转化为有机碳，储存在植物体内和土壤中，直接减少该气体在大气中的浓度，是天然的碳汇库，对改善城市环境质量和应对气候变化具有重大意义。在进行城市绿地低碳增汇植物群落设计时，除了考虑其美学效果，更要考虑其固碳增汇能力，选择高碳汇树种，注重植物多样性、层次丰富性等方面。

增加城市园林绿地的总体绿量和营造固碳效益强的植物群落，是实现低碳增汇植物景观的有效途径。绿量对于绿地生态调节功能具有重要影响；植物群落的层次结构、年龄结构、群落密度等特征因子也会使园林绿地的碳汇功能有所差异[5]。因此，在进行植物景观规划设计时，可以通过提升绿化覆盖率、植物层次丰富度、绿化覆盖面积中乔木所占比率、郁闭度、高固碳能力树种占比和乡土植物占比等指标，有效增强园林绿地的固碳增汇能力。此外，应选择适应性强、抗逆性强的本土植物种类，建设低维护绿地，减少绿地维护过程中的碳排放[6]。

2）减排导向

植物景观可以有效缓解城市热岛效应，降低园林自身的碳排放和减少建筑能耗进而减少城市的总体能耗，达到减排的效果。联合国政府间气候变化专门委员会（IPCC）的研究报告显示能源消耗是城市主要的碳排放领域，而热岛效应是影响能耗的重要因素。城市地区大面积绿地有助于改变气流，形成局部微风，优化城市风环境，缓解因城市热岛效应而带来的城市能耗。植物一方面可通过树冠遮挡阳光和减少热辐射量，另一方面通过蒸腾作用将水经过叶片的气孔和角质层以气态形式散发到空气中，吸收周围环境中的热量进而降低温度、增加湿度。同时，植物通过阻挡、引导、转向和渗透等方式来控制风速及其方向，其影响程度取决于植物的高度、形态、质地及种植方式。有研究表明，绿色植物在夏季能吸收60%~80%日光能和70%辐射能，草坪表面温度比裸露地面温度低6~7℃。有垂直绿化的墙面与没有绿化的墙面相比，温度相差约5℃。乔灌草群落结构的绿地降温效益是草坪的2.6倍，而在冬季，绿色树木可以阻挡寒风袭击和延缓散热，树林内的温度比树林外高2~3℃[7]。因此，为了有效改善城市热岛效应，应提高城市绿化覆盖率，增加绿地面积，并在植物景观设计中合理考虑种植郁闭度、种植密度等因素。另外，可构建通风廊道进一步提高城市的通风效果，降低能源消耗。

3）需求导向

（1）生态需求

在低碳增汇植物群落配置中，应综合考虑植物群落的多种生态系统服务，如空气净化、水土保持、提高生物多样性、美化环境等，确保植物景观的可持续发展。设计中应多选择适应环境的乡土植物，以增加群落的稳定性和生态功能[8]。同时考虑植物的生长速度、适应性和碳吸收能力，合理配置不同种类的植物。保证植物种类和基因的多样性，以增强植物群落对病虫害和气候变化的抵抗力，同时促进生物多样性。充分考虑群落的演替特征，通过避免竞争、选择顶极群落和预测演替方向等，实现群落的稳定和植物景观的可持续发展。

（2）美学需求

植物景观设计是结合了科学与艺术的创作过程，应关注植物群落与周围环境的协调性，创造美观和谐的植物景观。植物群落层次结构明确，包括树冠层、灌木层和草本层，使得植物群落的空间利用率最大化，提高碳固定效率，并为不同生物提供适宜的栖息地。根据植物的生长需求和空间利用率，合理布局植物群落，避免过度拥挤或者过度稀疏，保持植物的健康生长状态。搭配不同植物的生长周期，确保群落在不同季节都能维持良好的生态功能。选择不同开花季节、落叶季节的植物，实现全年碳吸收和碳固定的连续性。

（3）经济需求

在低碳发展的背景下，经济性在城市园林绿化中尤为重要。选择乡土植物是节约成本的最直接方法。另外，设计植物群落时应考虑后期的管理和维护成本，选择耐贫瘠和适应性强、易管理的植物种类，降低维护成本和能耗。为避免病虫害的蔓延，应注重树种多样性和群落结构的合理性，科学搭配种植密度，避免不必要的疏伐开支，并减少药剂的使用，确保植物健康生长，以实现稳定的固碳效果。

5.3.2 低碳增汇植物群落关键调控参数

1）群落结构

群落结构是群落的所有种类及其个体在空间中的配置状态，是植物景观设计中的重要内容。群落结构决定了植物群落内光照、温度、湿度等微环境条件，影响植物的生长、光合作用效率以及整个群落的碳吸收、生态稳定性以及景观美观度。群落结构包括垂直结构和水平结构两方面，植物的高低错落构成了垂直结构，植物在水平空间上的分布格局构成了水平结构，二者对植物群落的碳汇功能都有重要影响。

（1）垂直结构

植物群落垂直结构主要指在垂直方向上的配置，其最显著的特征是成层现象，即在垂直方向上分成若干层次。这是由于植物群落在其形成的过程中，由于群落内小环境的变化，导致群落中不同生态习性、不同高度的植物分别位于不同的层次，从而形成群落的垂直结构。

植物群落中以森林群落的垂直结构层次最为明显，一般从上到下依次为乔木层、灌木层、草本层、地被层等，各层中又按照植株的高度划分亚层。乔木层由高大的乔木组成，位于森林群落的最上层，具有一个乔木层次的群落称为单层林，具有多个亚层乔木层的群落称为复层林。灌木层由所有灌木和在当地气候条件下不能达到乔木层高度的乔木组成。草本层由草本植物组成。活地被物层位于群落的最下层，一般由苔藓、地衣、菌类等非维管束植物组成。另外，树干、树枝、树叶上附生的苔藓、地衣，寄生以及攀缘植物等，它们本身不能单独形成层次，而是依附其他植物并且可能出现在任何基本层次中，故称为层间植物。植物群落的成层性保证了植物对环境和空间资源的更充分利用。森林群落中，上层的乔木可以充分利用阳光，而下层的乔木幼树、幼苗以及灌木能够有效利用主林冠层下的弱光，草本层能够利用更微弱的光线，苔藓和地衣则更耐阴。所以成层结构是自然选择的结果，它显著提高了植物利用环境资源的能力，缓解了生物间对营养空间的竞争。群落的分层结构愈复杂，对环境利用愈充分，提供的有机物质也愈多。

在低碳增汇人工植物群落设计时，应对树冠层、灌木层、草本地被层进行合理设计。树冠层决定了植物群落内部的光照分布和空间利用效率，要考虑树种高度、树种的适当间距和树冠密度，形成树冠的多层次结构，最大限度地利用光能，提高空间的立体利用率，促进植物的光合作用和碳固定。一般来说，针阔树种搭配可以增加树冠层的层次感和多样性，提高群落的景观效果和生态功能。灌木层在垂直结构中起到连接树冠层和草本层的过渡作用，通过选择不同高度和形态的灌木，可以丰富群落的立体感，增加群落的生物多样性，提高生态系统的稳定性和抗干扰能力。草本地被层位于群落底层，其结构和密度直接影响着土壤保水、保肥的效果。选择具有较长生命周期和耐旱性的草本植物，有助于维持土壤的稳定性和水分循环。植物群落垂直结构有助于光照在群落内的最大分布，从而提高整体的光合作用效率，直接增加碳汇。通过形成不同层次的遮荫，调节下层植物的光照和温湿度条件，减少水分蒸发，间接促进碳固定。

（2）水平结构

植物群落水平结构指群落各组成种在水平空间上的配置状况或分布格局，主要表现为植物在水平分布上的均匀性和镶嵌性。

均匀性是指组成群落的各种植物在水平方向上的分布均匀度，一般多出现在一些城市园林植物群落、果园等人工群落，常具有均匀的株行距，但在自然群落很少见。镶嵌性即组成群落的各个种群在水平方向上的不均匀配置，具有典型的成群分布的格局，使群落在外观上表现为植物斑块不相间的现象，具有这种特征的群落叫作镶嵌群落。在镶嵌群落中，每一个斑块就是一个小群落，由习性和外貌相似的若干物种组成。它们彼此组合，形成了群落的镶嵌性。群落镶嵌性形成的原因主要是群落内部环境因子的不均匀性即生境分布的异质性，如微地形的变化、光照的强弱以及人为影响等。在低碳增汇人工植物群落设计时，应根据不同的地形地貌、场地特点、光照条件等设计镶嵌性的植物群落，既保证适地适树，又最大程度地实现群落的稳定性和持续性，提升碳汇能力。

2）数量关系

低碳增汇植物群落存在着复杂的数量关系，需要在种类多样性、林冠郁闭度、地面覆盖度、群落年龄和平均胸径等方面进行综合考量，以实现最佳的碳吸收和固定效果。

（1）种类多样性

植物种类的多样性，表示植物群落中具有的植物物种的数量和丰富程度。种类多样性对于群落的稳定性和生态功能具有重要作用。较高的种类多样性可以增加群落的生态适应性和抗干扰能力，也意味着群落内有更多种类的植物能够利用不同的生态位，更有效地利用光能、水分和养分资源，从而提高整体的生态效益和碳吸收效率。多样性较高的植物群落能够降低因病虫害而导致的大规模植物损失，保证碳汇功能的持续性。大量研究表明，乔灌木特别是乔木的碳汇能力较强。因此植物景观设计，在保证种类多样性的同时，适当增加乔木灌木种植比例，提高绿地碳汇效率。

（2）林冠郁闭度

林冠郁闭度是反映植物群落种植密度的重要指标，是指从林地一点向上仰视，被树木枝叶所遮挡的天空球面的比例，即林冠的投影面积与林地面积之比。林冠郁闭度直接影响到下层植物的光照条件，进而影响整个植物群落的光合作用和蒸腾作用，影响碳固定和水分循环。林冠郁闭度的增加会导致树冠间的竞争加剧，影响植物个体的生长速度和形态，可能会导致光合作用受限和水分蒸发过大。然而，适度的郁闭度能够提高群落的光合作用效率，增加碳固定能力。因此，群落的林冠郁闭度需要在保证充足光合作用能量的同时，避免植物个体之间过度的竞争，以实现最佳的碳吸收效率。有研究表明，高碳汇的林冠郁闭度可控制在0.6~0.8[2]。

（3）地被覆盖度

地被覆盖度指地被植物覆盖整个场地的规模和程度。地被植物指铺设于裸露地面或林下的多年生草本和低矮丛生或半蔓性的灌木和藤本，具有净化美化环境、增添植物群落下层绿量和色彩、防止水土流失的重要作用。此外，地被植物与表层土壤关系密切，表层土壤富含养分和微生物，是维持植物根部生理活动的重要土层。而土壤碳库是陆地生态系统碳库中的重要组成部分，健康的土壤环境有利于促进土壤的固碳能力。因此，低碳理念植物景观设计需要一方面保护、保留场地内的表层土，尽量避免对土壤的破坏，另一方面应增加地被覆盖度，除了增加植物群落下层的绿量以外，还可充分保护土壤的自然属性，增加植被和土壤的共同固碳能力。

（4）群落年龄

群落年龄反映了植物群落发展的阶段和成熟程度。根据群落所处阶段可分为增长型、稳定型、衰退型3种。增长型植物群落中，老树数量较少，幼龄树和中龄树数量较多，种群密度将不断增长，种内个体越来越多。增长型植物群落通常生长速度较快，但是相对不稳定，固碳增汇能力将逐渐增高。稳定型植物群落中各年龄植物结构适中，种群密度保持相对稳定，生物量基本达到高峰，具有较高的固碳增汇能力。衰退型植物群落中幼龄树、中龄树数量少，老年树数量多，生长速度减慢或衰退，碳汇能力较弱。

群落年龄影响着群落的生长速度、植被结构和碳吸收能力。年轻的植物群落一般具有较高的生长速率和碳吸收能力，但相对不稳定；而过熟的植物群落碳吸收能力可能较弱。随着植物群落年龄的增加，植物的生长速度逐渐减缓，碳的吸收速率也会逐渐趋于稳定直至较弱。因此，合理选择群落的年龄结构，平衡植物群落的生长速率和稳定性，配置不同年龄段的植物即异龄植物，优先选择中龄和幼龄树种，考虑近、远期不同的要求，营造增长型和稳定型植物群落，是实现群落自然更新和碳吸收最优化的关键手段之一。

（5）平均胸径

植物群落的平均胸径是指群落中所有树木胸径的平均值，也是反映植物个体大小和生长状态的重要指标。较大的平均胸径通常代表着较成熟稳定的植物群落，而较小的平均胸径则代表着年轻的或者生长速度较快的植物群落。平均胸径大的植物群落通常更为成熟，具有更高的碳储存能力，但同时年增长量也会降低。因此，在植物群落设计时，需要考虑平均胸径与群落生长速率、稳定性以及碳吸收效率之间的平衡。

3）外貌特征

植物群落的外貌指群落的外表形态或相貌。它是群落与环境适应的结果，主要取决于植物种类的生活型及观赏特征等。相对于树阵、绿篱等单一植物种植方式来说，近自然植物群落更为复杂，固碳增汇能力更强，因此在本章做主要阐述。

（1）群落外貌

植物群落从生活型角度主要有乔木林（针叶林、阔叶林、针阔混交林）、灌丛、草地等；从观赏角度主要有常绿林、观花林、秋叶林等。有研究表明，在固碳能力上，乔木林＞灌丛＞草地，针阔混交林＞纯林[9]。在低碳增汇植物景观设计中，在基本满足观赏要求的情况下，优先考虑固碳能力强的植物群落。

（2）近自然植物群落

近自然植物群落是以地带性原生森林植被为参照进行培育和经营，主要由乡土树种组成且多树种混交，逐步向多层次空间结构和异龄林时间结构发展的植物群落。由于近自然植物群落具有稳定性强、物种多样性高、群落外貌多样、低维护、碳汇能力强等特点，逐渐被广泛运用到城市绿地植物景观中[10]。

构建近自然森林又名"宫胁法"，于20世纪70年代由日本著名植物生态学家宫胁昭（Akira Miyawaki）提出，主要是基于群落演替理论，演替前期群落为后期群落提供适宜的环境条件，后期群落逐渐取代前期群落，经过一系列的替代之后，最后达到顶极群落，以此为依据重建当地的自然潜在植被。要建立地域特色的自然植物群落，以乡土树种形成的群落则是最贴近本地自然状态的群落。因此，选择乡土树种，营造群落结构完整、物种多样性丰富、生物量高、趋于稳定状态的自然植被生态系统至关重要。如果从裸地营造群落和自然演替，要到达顶极群落需要很长时间，但如果通过人工措施提供组成顶极群落优势种所需的外部条件，人为促进群落到达顶极群落，就有可能大大缩短演替的时间。采用这种思路，通过适宜的土壤和水分条件、收集当地的乡土树种种子、营养钵育苗等措施，在较短时间内建立适应当地气候的、稳定的群落类型。

首先，确定潜在自然植被类型。城市地区由于人类活动的干扰，只有城市的局部地段、郊区、山区保存有部分自然植被。通过对这些自然植被的调查，包括群落类型、结构、外貌、种类及数量关系等，确定在城市绿地可以恢复的自然植被群落类型及其环境条件。确定自然植部类型后，即可选择待建群落的优势种，然后准备足够的种苗用于重建。一般在自然林中采集种子，在苗床上用营养钵育苗，幼苗长到30～50cm高，具有发达的根系时就可以移栽到重建地点。"宫胁法"主要优势是生物量高，则碳汇能力强，是城市植物群落构建、增加碳汇的重要手段之一。因此，近自然植物群落设计选择适宜的本地幼龄和中龄植物种类和栽植方式，模拟自然生态系统多样性的物种组成和结构。强调自然生态系统的演替过程，提高了生态系统的稳定性，有利于植物群落的长期碳汇。

5.3.3 不同绿地类型的植物群落配置

1）公园绿地

公园绿地根据其游憩、生态、景观等不同功能可分为多个功能区域如生态保护区、休闲区、观赏区等，公园绿地植物群落设计应统筹考虑碳汇能力，每个区域根据其功能及特点进行植物群落设计。

公园绿地应尽量保存原有的树木，减少运输成本和运输过程中产生的碳足迹，同时为当地野生生物提供栖息地。大面积林地种植时，尽量避免纯林式种植，宜采用近自然林营建方式，通过复层群落增强植被整体碳汇能力。优化林分结构，增强生物多样性和碳汇能力。根据不同植物的规格和比例，构建乔灌草群落，提高绿地容量进而提升碳汇水平。合理增加乔木的种植比重，群落上层选择适应性强、寿命长、固碳释氧能力高的乔灌木，群落下层可以选择抗逆性强、耐阴性强的草本植物，尽量实现裸露土壤全覆盖。控制植物群落的栽植密度，种植密度不应过于稀疏或密集，应有合理的植株距离，形成适宜的郁闭度，给予群落内的树木良好的生长空间，使树木枝叶得到充分生长提高自身固碳能力。水体景观营造时，尽量丰富水生植物种类和层次，合理提升水生植物覆盖面积。园路周边多选择冠大荫浓、固碳增汇能力强的乔木，形成公园的基本骨架。

在植物选择上，应选择适应性强、低维护的高固碳释氧本土植物，这些植物更易于生长和维护，以增强生态系统的稳定性和恢复力，提高生态系统的整体碳汇能力。还可引入一些具有特定生态功能的植物，如固氮植物以改善土壤肥力，耐旱植物以提高生态系统对干旱的适应能力，以及具有较高光合效率的植物以增强碳汇功能。考虑不同季节开花或色叶景观，以确保公园绿地全年有良好的观赏性，同时考虑植物的生长周期和碳固定能力，以实现全年的碳增汇效果。注重不同植物固碳能力的互补优势，落叶树与常绿树搭配，速树种与慢生树种搭配，既可达到较高的固碳效益，又能形成优良持久的植物景观和生态效益。考虑植物群落的长期维护需求，选择生长速度适中、病虫害较少的植物种类，减少化肥和药剂的使用，减少维护成本和能源消耗。重视地被植物应用，减少土壤扰动，提高植物土壤中的有机与无机碳含量，增强土壤微生物活性，以此增加土壤碳库能力。

2）防护绿地

防护绿地主要包括卫生隔离防护绿地、道路及铁路防护绿地、高压走廊防护绿地、公用设施防护绿地等。防护绿地通过较大规模的植被覆盖，能够有效地吸收和固定大量的 CO_2，这是一个天然的碳汇过程。因此，防护绿地常被视为一种重要的"绿色基础设施"，对于实现低碳增汇和应对气候变化具有重要意义。

低碳增汇防护绿地为了提高生态稳定性，往往进行混交种植，混交类型主要有主伴混交型和乔灌草混交型。主伴混交型根据立地条件和防护功能选择主要树种和伴生树种，采用针阔混交、深根与浅根树种混交、阳性树种与阴性树种混交等；乔灌草混交选择高大乔木和低矮灌木、草本进行混交，在实现地面覆盖的同时，促进高大乔木的生长，以尽快实现防护功能[11]。混交方法主要有行间混交、带状混交、块状混交、株间混交等，其中，行间混交是将一树种的单行与另一树种的单行依次相同相间排列栽植；带状混交是一树种连续栽植两行以上与另一树种构成的带与带相间排列栽植；块状混交是一树种构成的块与另一树种构成的块镶嵌在一起，形成一个整体；株间混交是两种树种在同一行内隔株混交栽植。在防护绿地的植物群落设计时，还可结合生态廊道，连接不同的自然区域，并保证一定的宽度以满足其他生物的栖息要求，促进动物的迁徙和生物多样性的保护。

在一些防护林带的植物群落设计中，主要有透风林带、半透风林带和不透风林带3种。透风林带由高大的乔木组成，允许部分气流穿透林带，大部分向上，在林带上空流过，对保护区内调节温度和增加湿度的效果不如紧密结构林带，但保护的范围大。冷空气下沉速度慢，霜冻较轻，是较常用的林带类型。半透风林带结构由一层高大乔木和一层灌木组成。不透风林带由高大乔木、中等乔木和灌木3种类型的树种构成，其结构紧密，透风力小，调节温度和增加湿度效果较好，但保护范围小，防风效果相对较差，这种类型应用相对较少。

防护绿地的植物种类多选择本地植物或对当地环境有很强适应性的物种，耐干旱、瘠薄、抗病虫害、抗污染、低维护。选择根系发达、生长迅速、能较快形成植被覆盖的植物种类，有效地阻挡风沙、吸收噪声、过滤空气中的污染物，并增强土壤的固定能力和水分的保持能力，增强防护功能。在满足防护功能的前提下，优先选择具有较高碳固定能力的植物种类。

3）广场用地

广场绿地是以游憩、纪念、集会和避险等功能为主的城市公共活动场地。充分考虑到低碳增汇广场绿地的活动及集会空间，植物群落设计兼顾美观性及生态效益。合理利用乔、灌、草，塑造不同类型的植物景观空间，软化硬质铺装和构筑，融自然舒适感于硬质场地之中。

丰富广场绿地的绿色碳汇空间层次性，上层配置一定数量的固碳能力较高的大型乔木，以形成遮荫区域，为市民提供夏季休憩的凉爽环境的同时，还可减少地面的热岛效应。同时应注意乔木树种的根系特性，避免对地面硬化区域产生破坏；中层可配置色彩鲜艳、形态各异的植物，如季节性开花和色叶植物等，增加人们的停留时间和亲近自然的机会。下层考虑到广场会有较多的行人活动，选择耐踩踏、生长迅速的地被植物，既能绿化环境，又能承受一定的人为干扰。还可合理融入雨水花园、渗透性铺装等生态雨水管理措施，既能美化环境，又能增强广场的雨水收集和利用能力，减少径流污染。植物选择上，广场绿地往往暴露在直射日光下，因此，选择耐旱和耐热的植物能够减少灌溉需求，提高植物群落的适应性和生存率。

4）附属绿地

附属绿地包括居住用地、公共管理与公共服务设施用地、商业服务设施用地、工业用地、物流仓储用地、道路与交通设计用地、公用设施用地等用地中的绿地。

居住用地、公共管理与公共服务设施用地、商业服务设施用地等的植物群落设计与公园绿地较为相似。除此以外，为了减缓都市热岛效应、节约耗能，屋顶、墙面绿化是居住用地、公共管理与公共服务设施用地、商业服务设施用地有效实现低碳增汇的方式之一。台湾成功大学团队的热流实验证实即使强紫外线的直射使得屋顶温度达到了70℃，但屋顶花园依旧能够将室内最高表面温度维持在32℃以内，使房屋顶层空间能够极大程度上减少空调的使用，进一步节约了能源，间接减少了CO_2等温室气体的排放。因此，在建筑屋顶和墙面利用适宜的植物进行绿化，不仅能够提升建筑的美观度和降低热岛效应，还能增加城市的绿化面积和碳汇能力。

工业用地、物流仓储用地在植物群落设计上应着重考虑采用一些具有特定功能的植物，包括吸收空气污染物、富集重金属等功能。利用植物吸收和转化重金属或其他污染物的能力，助力土壤净化并改善土壤结构。提高植物的覆盖面积，进而提高植物的碳储存能力，提升整体附属绿地的生态效益，改善区域小环境。

道路与交通用地的植物景观是整个城市绿廊的基础和骨架，其完整性决定了整个城市生态网络的连接性。在道路绿地中，绿带宽度越大，其植物群落碳汇作用越显著。有研究表明，在道路空间绿带中，郁闭度＞70%范围内的植物群落碳汇作用最显著。树种选择方面，遵循适地原则，充分利用乡土树种中生存能力强、冠大荫浓、易养护、碳吸收能力强的植物种类，增加城市道路碳储量。

5）区域绿地

区域绿地包括风景游憩绿地、风景名胜区、生态保育绿地、区域设施防护绿地等。保护和适当增加林地建设，提升林地覆盖率和蓄积量，从而提高了林地碳汇能力。林地可以通过改善土壤、水源等条件，促进林地生态系统的健康发展。提高生态稳定性，合理配置树种，进行混交种植[12]。促进植物多样性，配置具有不同根系深度、生长习性和碳固定能力的植物种类，可以提高群落对病虫害和极端气候事件的抵抗能力和稳定性，并为野生动物提供栖息地、食物来源和迁徙通道。配置具有良好水土保持功能的植物，考虑植物对提高土壤碳储存、减少径流和促进水分渗透的能力[13]。考虑植物季相景观，以确保全年有不同植物在进行光合作用。

植物种类选择适应当地环境的本地物种，适应当地的气候和土壤条件，能更好地支持本地野生动物，提高生存率和减少维护需求。将快长、慢长植物结合利用，确保短期和长期的碳汇效益。使用地被植物减少水分蒸发，提高土壤碳储存能力。

5.3.4 高碳汇植物选择

1）选择要点

在选择高碳汇植物时，应综合考虑植物的适应性和耐受力、固碳增汇能力以及城市植物景观的观赏性等因素，以确保植物景观的可持续性和低碳增汇功能发挥。

（1）选择适应力、耐受力强的植物

选择对当地气候、土壤和水资源条件适应力强的树种，适应力强的树种可以在各种环境条件下生长良好，且病虫害少，养护管理粗放；耐受力强包括耐旱、耐寒耐热、耐贫瘠、耐盐碱等。适应力、耐受力强的植物，能确保植物群落的稳定性和持久性。因乡土树种更适应当地的生态环境，也更易于模拟近自然植物群落，增汇能力更强，而且乡土植物一般低养护、病虫害少，后期因维护管养产生的碳排放则少，所以选择适应力、耐受力强的乡土植物是以实现低碳增汇植物景观目标的重要环节。

（2）选择固碳增汇能力好的植物

大量研究表明，生物量大、寿命长的树种以及光合效率高、枝叶繁茂的植物，以及单位面积上植物叶片的总面积与所覆盖的地面面积的比值较高，即叶面积指数较高的植物，在生命周期中累积的总碳量更多；乔木类树种比灌木、草本通常具有更高的碳储存能力；深根系且根系强大的树种能够在土壤中固定更多的碳，并有助于提高土壤碳储量。因此，在低碳增汇植物景观设计中，选择固碳增汇能力强的植物尤为重要。

（3）选择生态、景观价值高的植物

在城市植物景观规划设计中，除了碳汇功能外，还要考虑树种的生态价值和景观价值。生态方面包括对当地生物多样性的支持、土壤保护、水资源调节等，景观上应满足人们对城市植物景观四季变化、色彩丰富、层次分明等多样性的观景需求。同时，应充分考虑常绿植物、落叶植物、彩叶植物和开花植物的比例，最大化满足景观与生态需求[14]。

2）高碳汇植物种类

在植物景观规划设计中，可根据不同地域、不同场地特征，结合高碳汇植物选择要点选择高碳汇植物种类。目前，一些学者已开展植物种类的碳汇能力测定研究，现将已有研究中推荐的高碳汇植物种类汇总如下[15~17]：

华北地区高碳汇植物有油松、侧柏、云杉、樟子松、冷杉、桧柏等常绿树种，以及绦柳、旱柳、国槐、刺槐、皂荚、绒毛白蜡、新疆杨、白桦、白玉兰、银杏、西府海棠、紫薇、臭椿等落叶树种。

华中地区高碳汇植物有香樟、广玉兰、乌冈栎、麻栎、紫楠、女贞、桂花、石楠、杨梅、珊瑚树、湿地松、柳杉、马尾松等常绿树种，以及榉树、垂柳、无患子、乌桕、黄山栾、鹅掌楸、枫香、南酸枣、紫叶李、碧桃、木芙蓉等落叶树种。

华南地区高碳汇植物有蒲葵、棕榈、苏铁、铁冬青、榕树、白兰、假苹婆、糖胶树、异叶南洋杉等常绿树种。

思考题

1. 简述低碳增汇植物景观规划设计的基本流程？
2. 简述低碳增汇植物群落的关键调控参数有哪些？
3. 思考高碳汇植物种类的选择要点有哪些？

延伸阅读

1. 苏雪痕. 植物景观规划设计[M]. 北京：中国林业出版社，2012.

参考文献

［1］ 骆天庆. 城市绿地和绿化的低碳化建设规划指南[M]. 北京：中国建筑工业出版社，2015.
［2］ 徐飞，刘为华，任文玲，等. 上海城市森林群落结构对固碳能力的影响[J]. 生态学杂志，2010，29（3）：439-447.
［3］ DRAMSTAD W E, OLSON J D. FORMANRTT. Landscape ecology principles in Landscape architecture and Land use planning[M]. Cambridge MA: Harvard University Graduate School of Design, 1996.

［4］ 车生泉. 城市绿地调查与低碳植物群落研究：以华东地区为例[M]. 上海：上海交通大学
出版社，2005.

［5］ 王敏，宋昊洋. 影响碳中和的城市绿地空间特征与精细化管控实施框架[J]. 风景园林，
2022，29（5）：17-23.

［6］ 赵彩君，刘晓明. 城市绿地系统对于低碳城市的作用[J]. 中国园林，2010，26（6）：
23-26.

［7］ 苏雪痕著. 植物景观规划设计[M]. 北京：中国林业出版社，2007.

［8］ 温国胜，杨京平，陈秋夏. 园林生态学[M]. 北京：化学工业出版社，2007.

［9］ 罗玉兰，张冬梅，张浪，等. 基于"双碳"目标的城市绿化树种筛选及配置研究——以上
海世博公园为例[J]. 园林. 2022，39（1）：25-32.

［10］ 陆元昌. 近自然森林经营的理论与实践[M]. 北京：科学出版社，2006.

［11］ 涂秋风. 低碳与城市园林[M]. 北京：中国建筑工业出版社，2012.

［12］ 王忠君. 福州植物园绿量与固碳释氧效益研究[J]. 中国园林. 2010，26（12）：1-6.

［13］ 郑鹏，史红文，邓红兵，等. 武汉市65个园林树种的生态功能研究[J]. 植物科学学报，
2012，30（5）：468-475.

［14］ 张艳丽，费世民，李智勇，等. 成都市沙河主要绿化树种固碳释氧效益研究[J]. 生态
学报. 2013，33（12）：3878-3887.

［15］ 熊向艳，韩永伟，高馨婷，等. 北京市城乡结合部17种常用绿化植物固碳释氧功能研究
[J]. 环境工程技术学报. 2014，4（3）：248-255.

［16］ 杨传平，贾洪柏，吴迪，等. 优良树种的评价与选育[M]. 北京：科技出版社，2018.

［17］ 林玮，唐昌亮，白青松，等. 华南主要造林树种碳汇能力评价体系构建及优良碳汇树种
筛选[J]. 西南林业大学学报：自然科学. 2020，40（1）：28-37.

第 6 章

低碳增汇景观运营维护

【本章提要】本章深入探讨了低碳增汇景观运营维护的核心内容。首先，系统介绍了运营维护的流程，包括流程规划、制定验收标准、执行管理要求和实施保障措施等关键步骤。其次，详细地介绍了景观设施、植物景观以及水景观的低碳运营维护技术方法。最后，介绍了可持续管理措施的应用以及重要性，旨在为读者提供更深入的理解和指导，促进低碳增汇景观运营维护理念的推广和应用。

6.1 低碳增汇景观运营维护主要内容

低碳增汇景观运营维护是一种基于自然的解决方案，注重生态、统筹、预防、智能，在养护运维过程中充分利用各景观要素之间的命脉关系、相生相克的内在机理，最大限度地利用自然做功，减少人工，实现经济、环境、资源的可持续利用，使园林景观建设的生态文明成果长期呈现理想状态，达到设计愿景。

遵循多循环少废弃、多帮扶少干预、多预防少找补、多智能少人工的原则是低碳增汇景观运营维护的核心思想。因此，在整个运维维护过程中，需要在规划设计阶段就融入养护运维思想，通过从终点倒逼起点、以起点控制终点的方式，使绿色低碳理念贯穿设计的始终。统筹规划资源利用是另一个关键，要合理规划，减少对土地资源的占用、减少临时工程的施工、减少不可再生能源的消耗。此外，生态关注也是不可或缺的，即让留白成为新思路，在规划设计时避让生态敏感区，在养护运维时发挥自然能动性，以自然养自然[1]。

全面的运维流程需包含设计流程规划、安排管理内容、执行管理要求和实施保障措施等关键步骤。流程规划包括现状评估和目标确定、制订运营维护策略，开展定期监测和评估等方面。管理内容应基于景观的实际情况和设计要求，制定验收标准，确保运营维护达到预期的效果。管理要求涵盖提升低碳增汇景观监测水平、完善低碳增汇景观碳管理体系、推进完善景观碳汇补偿机制、加强区域协同增汇等方面，以保证运营维护工作的高效执行。此外，保障措施是保障运营维护工作顺利开展的关键，包括完善低碳增汇景观运营维护组织架构、探索多元资金保障途径、建立健全低碳增汇景观人才智库建设、强化科技支撑与国际协作机制等，确保运营维护工作的持续性和稳定性。

为了实现低碳增汇景观运维的高效性，各种先进的技术方法应运而生。在设施方面，更新环保设施与材料、合理配置无动力设施、创新应用清洁能源是降低碳排放的重要手段；在植物方面，更新配置低碳植物景观有助于促进生态系统的多样性和稳定性，从而减少能源消耗，提升病虫害防治、灌溉、施肥、修剪更新等生态养护技术，可以降低农药、化肥的使用量，减少对土壤和水资源的污染，提高植物抗逆性，从而降低对环境的负面影响；在水景观方面，通过合理布局和利用水资源，采用环保材料和节水设备，并加强节水技术的推广应用，可有效提升水资源的利用效率，减少对环境的负面影响。

可持续的管理措施也是低碳增汇景观运维的关键一环。通过打造自然带及生态保育小区，不仅可以提升生态系统的韧性，也有助于维持生物多样性的平衡，最终有效降低能源消耗和碳排放；同时，利用园林固废材料进行回收利用，并结合智慧化低碳景观运维平台的应用，可实现对景观的精细化管理与资源的循环利用，提升运维效率和生态环境的质量。最后，科普宣教低碳增汇理念也是推动可持续园林管理的重要手段，通过积极开展科普宣教活动，向公众传播低碳增汇的理念，引导人们从生活的细节中实践节能减排，共同建设美丽、可持续的低碳景观。这些综合措施将为低碳增汇景观的可持续发展提供有力支持，推动生态环境与人类社会的和谐发展。

本章深入探讨了低碳增汇景观运营维护的具体流程、技术方法，以及可持续管理的措施（图6-1）。

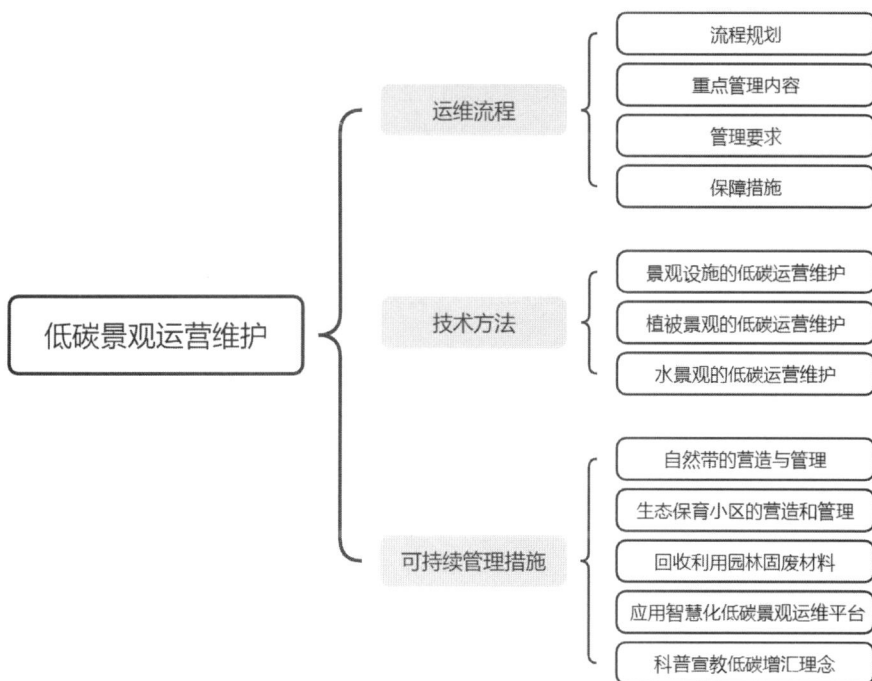

图6-1　低碳增汇景观运营维护概览

6.2.1 流程规划

低碳增汇景观的运营维护是一项系统性工程，涉及现状评估、目标确定、方案制定、减排实施、运营管理以及评价反馈等多个环节[2]。该过程涵盖了从现状评估到目标设定、方案制定、减排实施、运营管理，以及评价与反馈等多个关键环节。因此，建议在规划与设计的初期对整个实施过程进行科学规划，这有助于确保每个步骤都能顺利进行并实现预期的碳中和效果。

实施过程中，应首先对景观当前的碳排放量及碳抵消量进行预评价，以确定碳排放的基线；其次，明确低碳增汇景观的具体目标和遵循的原则，为后续工作指引方向；然后，提出从设计、建设到运营全过程的碳中和实施方案，包括应用低碳运营维护技术于景观设施、植物景观和水景观等；执行如管理自然带和生态保护区、园林固废的回收利用、低碳理念的科普宣教等减排措施，确保记录与监督到位。通过智慧化低碳景观运维平台高效管理，建立和维护碳排放管理体系，并定期核算碳排放量，以促进达成碳中和目标；最后，对低碳增汇景观进行评估，对于实现碳中和目标的景观给予认可，并公开承诺或声明，对于未达标的则通过修正和反馈提升其低碳水平。这样的科学规划和有效执行策略，不仅能显著降低景观的碳排放，增强碳抵消能力，还能促进社会各界的广泛参与和合作，共同推动低碳理念深入人心，为未来的可持续发展打下坚实基础（图6-2）。

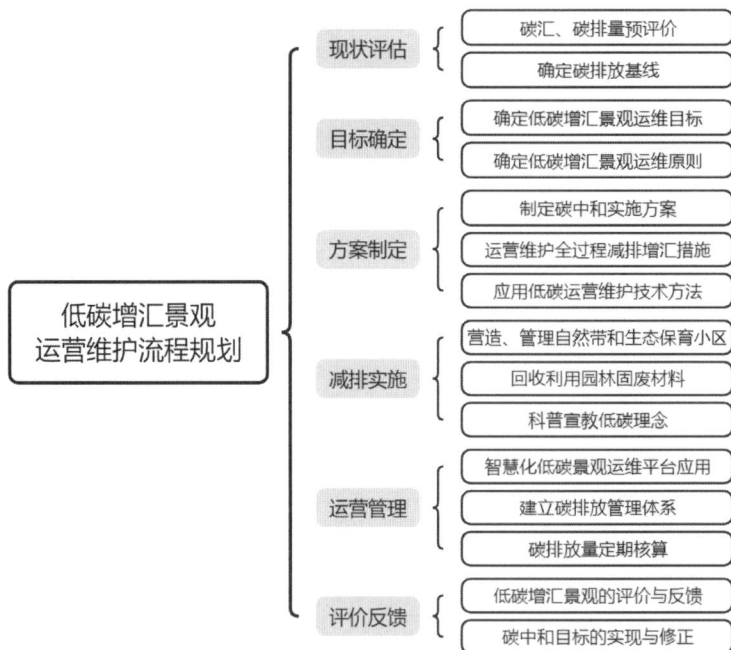

图6-2 低碳增汇景观运营维护流程规划

6.2.2　重点管理内容

在低碳增汇景观的运营与维护中，针对关键管理内容的规范和目标的设定尤为重要。这些内容主要包括植物养护管理、资源的回收利用、设施维护、信息管理和科普宣传5个方面[3]。分别通过提升景观碳汇功能、降低碳排放、提升公园可持续性、提升运维效率、提高公众环保意识等方式使景观的低碳增汇特性得以最大程度地发挥和延续。

植物养护管理是在低碳增汇景观运营维护中至关重要的一环。通过定期的修剪、整形、病虫害观测、浇水施肥以及中耕除草等养护活动，旨在提升植物的碳汇功能，从而增强景观的低碳特性。这些措施不仅有助于保持绿色植被的健康生长，还能有效地增加碳的固定量，促进碳循环过程。

园林固废和水资源的有效回收利用是低碳增汇景观运营维护的关键内容之一。通过提高绿色垃圾处理站数量、增加固体废弃物的资源化率，以及提升污水处理率和年径流总量控制率，可以减少对自然资源的消耗，降低碳排放量，实现资源的循环利用，从而推动景观的低碳化进程。

设施维护直接关系到公园内部环境的安全与整洁，同时也与低碳增汇密切相关。各类设施的安全运营、湖泊水系旁警示标志和安全救护设施的增设，以及树木枯枝、残枝的及时清理，可以有效地降低公园的能耗和碳排放，提高景观的生态效益和碳汇能力。

建立碳评估制度、碳监测制度和碳足迹管理制度，不仅有助于提升管理效率和透明度，更是低碳增汇景观运营维护的重要举措之一。通过科学的数据管理和监测体系，可以及时发现和解决碳排放的问题，优化管理策略，实现碳排放的减少和碳汇的增加。

科普宣传是在低碳增汇景运营维护中提高公众环保意识、促进低碳生活方式的重要手段。通过定期举办双碳科普活动、设置知识角、知识长廊等方式，向游客普及低碳增汇理念，引导他们积极参与到低碳环保行动中，从而共同推动景观的可持续发展和管理。

6.2.3　管理要求

低碳增汇景观运营维护的管理要求着眼于提升监测水平、完善碳管理体系、推进碳汇补偿机制以及加强区域协同增汇。这些管理要求对于保障生态系统的健康运转、促进碳汇资源的有效利用以及推动生态环境的恢复具有重要意义[2]。

1）提升低碳增汇景观监测水平

在提升低碳增汇景观监测水平方面，建议建立一套完整的闭环监管制度，包括监测、统计、核算、评估、预警和反馈等环节。

首先是建立园林绿化生态系统定位监测网，建议覆盖区域内的林地、绿地、湿地等生态系统，并建立监测数据库和管理平台，以便定期发布监测成果；其次，应完善资源监测和信息化管理体系，通过制作园林绿化资源管理"一张图"，实现资源年度动态监测与评价；同时应健全增汇减排的数据统计与核算制度，完善数据统计指标体系、碳计量模型参数和排放因子等，提高数据质量，并针对区域绿色生态系统和重大绿化工程项目等的碳汇能力进行核算分析、动态评估；最后建议健全园林绿化资源监督管理机制，理顺监测、统计、核算等全链条闭环工作流程，强化园林绿化保护发展目标责任制考核，实现"多规合一、以图管地、以数管林"目标，将园林绿化产业资源纳入资源监测"一张图"。

2）完善低碳增汇景观碳管理体系

为了更好地管理碳汇资源，须建立完善的碳管理体系。可以利用物联网、大数据等先进技术，结合园林绿化大数据管理系统，建立起以区域林地、绿地和湿地资源为基础的行业碳管理信息平台。平台集科普宣传、信息发布、核算报告报送以及技术规范提供等多项功能于一体，进一步提升行业在应对气候变化方面的精细化、规范化和信息化管理水平，实现区域园林绿化的增汇减排数据集成、核算分析、动态变化、格局分布和趋势预测等多重功能的实时展示，为碳汇资源的监管评价和服务模式的完善提供更为稳固的基础支持。

3）推进完善景观碳汇补偿机制

在推进完善景观碳汇补偿机制方面，建议考虑多种类型碳汇项目的开发管理和资金筹措。这些项目包括适用于开发区域碳市场的林业碳汇项目、中国核证减排量林业碳汇项目，以及自愿碳减排标准林业碳汇项目等。同时，建议深入探索经济林碳汇的价值发掘与利用，同时加强区域碳汇基金等社会参与碳中和平台的建设。通过引导企业、机构和公众参与碳中和行动，可以构建绿色低碳全民共建共享的新格局，从而推动碳汇补偿机制的完善和发展。

4）加强区域协同增汇

在加强区域协同增汇方面，应建立跨部门、跨行业的协作机制，同时建议明确跨区域的增汇规划，强化区域间的交流与合作，并鼓励跨区域的共建共享，推动跨地域生态环境保护和修复项目的实施，形成区域间的生态廊道和绿色连通，最终促进生态系统功能的恢复和提升。

6.2.4　保障措施

低碳增汇景观的运营维护保障措施是确保景观长期可持续发展的重要环节。其举措主要包括加强组织领导、探索资金保障途径、建设人才智库和强化科技支撑与国际协作等方面。这些保障措施有助于确保低碳增汇工作的按时实施与完成。

1）提升低碳增汇景观监测水平

推动低碳增汇景观运营维护工作，建议首先完善组织结构，加强领导力量，确保统筹协调，明确行业增汇减排的近、中、远期目标。同时完善增汇减排的发展战略和顶层规划设计，建立协同联动的工作机制，健全管理制度，明确责任分工，并加强目标的监督和考核力度，以确保行动计划中的重点任务得以落实，各项指标按期完成。

2）探索多元资金保障途径

在低碳增汇景观运营维护工作中，建议采取多元化的资金保障方式。首先应有充足的财政资金投入，以支持碳汇管理体系的有效运作。同时，应鼓励和支持社会资本参与生态碳汇的发展，并探索实现生态碳汇产品价值的途径，以丰富绿色生态产品的种类。为促进绿色金融的发展，还要健全市场融资机制，引导绿色低碳金融投融资活动，推动碳汇市场的发展。并且应当着力完善绿色信贷和保险机制，规范运行区域碳汇专项基金，并拓宽筹资渠道，形成稳定长效的增汇减排行动资金支持体系。

3）建立健全低碳增汇景观人才智库建设

为促进低碳增汇景观领域的人才培养与发展，建议建立低碳增汇景观人才智库。智库将根据国内外碳中和行动的发展趋势和行业增汇减排的需求，持续组织开展各种内容主题的生态碳汇培训活动。这些活动旨在提高园林绿化管理、技术和实践专业人员应对气候变化的能力，涵盖不同层级的需求。此外，还应加强跨区域园林绿化应对气候变化的能力建设，为区域林业碳汇专业人才队伍的建设提供有力支持。推动低碳增汇景观领域的发展与进步。

4）强化科技支撑与国际协作机制

科技创新是推动低碳增汇景观运营维护发展的重要力量，因此建议加强林地、绿地、湿地等生态系统碳汇的监测评估与提升路径研究，优化技术标准体系，推进行业碳中和关键领域技术创新、成果转化、推广示范。同时应统筹利用国内外网络资源，及时把握林业碳中和相关的国际政策、技术、研究、市场发展动态及热点信息，总结行业增汇减排经验、问题、趋势，积极推进国内外相关交流协作机制的构建与发展。

6.3 低碳增汇景观运营维护技术方法

在谈及景观运营维护技术方法时，低碳化是一个关键的考量因素。传统的景观运营维护方法包括传统灌溉系统、化学农药与化肥使用、传统照明设备、不合理废弃物处理、单一景观设计等，容易导致资源浪费、污染环境，对生态系统造成破坏。而低碳的景观运营维护技术方法则采用环保、节能、减排的手段进行景观设施、植物景观、水景观的运营维护，以最小化对环境的负面影响，促进可持续发展。

6.3.1 景观设施的低碳运营维护

在低碳增汇景观运营维护技术方法中，设施低碳运营维护是实现可持续发展和环境保护的重要环节。通过环保设施与材料的应用、无动力设施的合理配置、清洁能源的优化利用等措施，可以有效降低能源消耗，减少碳排放，实现景观设施的低碳运营。

1）更新环保设施与材料

更新环保设施与材料可以有效降低景观运营时的能源消耗，减少对环境的影响。

在设施更新方面，引入智能照明系统，采用LED等节能光源，获得更长使用寿命的同时降低了能源消耗。供水设施可升级水资源管理系统，结合天气预报和土壤湿度监测等技术，通过智能灌溉系统精准控制灌溉量，减少水资源的浪费。针对园林的配套建筑，可更新使用高开窗通风、Low-E玻璃幕墙、垂直及屋顶绿化、屋顶雨水收集回用系统来降低日常运维中的能耗、水耗。

在材料选择与应用方面，应使用循环材料，并将其应用于场地本身。针对于景观装饰、座椅、栈道等设施建设，可采用再生塑料、再生玻璃等，以实现资源的有效再利用。同时可以使用天然、环保的生态材料，如竹材、木材等，以减少对生态系统的破坏。此外，还尽可能选用可降解的材料，如生物降解塑料、可降解纤维等，以减少对环境的长期影响。针对园林的配套建筑，推广使用Low-E玻璃幕墙、垂直及屋顶绿化来降低日常运维中的能耗、水耗。

2）合理配置无动力设施

无动力景观设施是在没有电力驱动的情况下，为游人提供游乐体验的景观设施。这些设施依靠人力或自然能源进行运作，从而减少对环境的负荷。合理配置无动力设施是公园运营维护中的一项重要任务，对其更新改造过程必须从环保、可持续的角度出发。

首先，在更新无动力景观设施时，应该采用符合低碳增汇理念的新型材料和技术。例如，选择可再生材料、可降解材料或回收材料制作设施，以降低资源消耗和环境污染。此外，设计应考虑设施的寿命和易维护性，以减少更新和维护所需的能源和资源。

其次，为了增强设施的互动性和娱乐性，可以在公园中设置无动力水车、水枪等。这种方式不仅能够减少对外部能源的依赖，还能够加强游客与大自然的联系，促进环境教育和意识。

最后，结合健康与环保的理念，可以考虑为健身设施配备发电装置。通过人们的运动产生的动能转化为电能，为其他景观设施提供动力，实现资源的循环利用。这不仅有助于减少碳排放，还可以激励游客参与健身活动，提升公园的整体活力和吸引力。

3）创新应用清洁能源

清洁能源的优化利用对于实现设施低碳运维目标也至关重要。一些带有太阳能光伏板和风力发电机等装置的景观设施，可将自然能源转化为电能，为设施自身的能源供应提供可持续的解决方案。这不仅能够降低能源成本，还可以减少温室气体的排放，对于实现低碳运营具有重要意义。如公园中的薄膜太阳能光伏伞，不仅可以在白天为游客遮挡日晒，在夜间还可承担照明的功能；光伏人形天桥的使用也体现了设施低碳运维中对清洁能源的重视和创新应用。通过在天桥的结构上布置太阳能光伏板，可以有效地利用阳光能源，将其转化为电能供给周边的照明设施、交通信号灯等，实现了天桥的自给自足；风能景观设施如风能发电树，风动涡轮机等，通常被放置在公园、湖畔、海滨等风力资源丰富的地区，通过自然风力旋转发电机产生电能，为城市的绿色能源供给作出贡献。

6.3.2 植物景观的低碳运营维护

植被作为城市景观的重要组成部分，在城市绿化中扮演着至关重要的角色。植被的低碳运营维护不仅关系到城市环境的美观与舒适度，更涉及到城市生态系统的稳定和健康。在这一背景下，更新配置低碳植物景观、采用病虫害防治、灌溉施肥和修剪更新等技术，对植被进行低碳运营维护显得尤为重要。

1）更新配置低碳植物景观

更新配置低碳植物景观是城市绿地系统实现低碳目标的关键举措之一，这主要得益于绿地系统在吸碳和释氧方面的作用。绿地系统作为城市碳汇的重要组成部分，通过科学布局和运营维护，可以最大化地提高树木的生长质量，促进绿地吸碳释氧效率的最大化[4]。更新配置低碳植物景观不仅涉及已有绿地系统的管理，也包括成熟林的更新、补建复合以及小苗更新迭代等方面。这些措施不仅可以提升绿地系统的固碳效益，还能促进城市生态环境的持续改善。

对于成熟林的更新，应采取定期疏伐、补植和更新的方法。通过逐步替换老化的植被，引入固碳能力更强的新种植物，从而提高整体固碳效率。同时，在补植和更新过程中，应注意选择符合场地环境的植物品种，确保其适地适树，最大程度地提高碳汇效益。

补建复合是提升绿地系统碳汇能力的重要手段之一。通过在已有绿地系统中有选择性地补植新的植被，可以增加系统的碳汇能力。在补建复合中，应充分考虑植物的固碳能力、适应性以及景观效果，以达到最佳的低碳景观效果。

小苗更新迭代也是绿地系统低碳化的关键步骤之一。通过定期替换老化或受损的植物，引入新的小苗，并进行持续的管理和养护，可以保持绿地系统的健康状态，提高其固碳效益。在小苗更新迭代中，应选择适应当地气候和土壤条件的品种，并注重其生长速度和固碳能力，以实现长期的低碳目标。

2）病虫害防治技术

园林病虫害防治是运营管理中的重要内容之一。传统方法涵盖了物理、化学和生物等多种防治技术，但存在一定负面影响，如化学农药可能造成环境污染，传统物理手段可能消耗较多能源。为了改善现状，可引入低碳增汇的技术。这包括①可持续农业生态技术，如有机农业和生物多样性保护，通过增加作物种植的多样性、实施轮作或混作，提高土壤健康并抑制病原体，减少化学农药的需求，降低碳排放。同时，推广生态友好型的农药和生物防治方法，如使用生物制剂和植物保护剂进行园林病虫害防治，前者是利用微生物、植物、昆虫等生物制成的防治病虫害的制剂，对植物及环境无污染属于安全高效的病虫害防治方式，后者则是利用植物提取物制成植物保护剂，喷洒到土壤中，可以消毒杀菌，还能为植物提供营养物质，提升植物抗性，防止园林植物遭到病虫害侵蚀。②加强园林生态系统的恢复和保护，包括恢复植被、保护野生动物栖息地，提高生物多样性，有助于建立更加健康的生态系统，增强抗病虫害能力。③利用自然界的生物对抗关系，如引入天敌和微生物来控制病虫害的传播，能够降低对化学农药的依赖，提高生态系统的平衡和稳定性。如在园林中设置鸟巢，吸引鸟类进入园林，食用害虫。综合运用这些低碳增汇的技术，可以提升园林病虫害防治工作的效果，降低环境负担，实现可持续发展的目标[5]。

3）灌溉施肥技术

采用节水灌溉系统是植物景观低碳运营维护的重要手段之一。传统的喷灌系统存在着水分不均匀、蒸发损失大等问题，这导致了能源消耗的增加和碳排放的加剧。相比之下，采用滴灌、微喷灌等节水灌溉技术，则能够有效减少水分的浪费和蒸发损失，从而降低了对能源的依赖，减少了碳排放。特别是在干旱地区或水资源匮乏地区，节水灌溉系统能够更好地满足植物的生长需求，同时降低了灌溉所需的能源消耗和运营成本，进一步减少了对碳排放的负面影响。

在施肥方面，自动化施肥系统利用先进的传感器技术监测土壤中的养分含量和植物的生长状况。通过精确监测和分析这些数据，系统能够实现施肥量的精准控制，确保植物获得所需的养分，同时避免了过量施肥可能导致的环境问题，如地下水污染和土壤酸化等。

因此，采用节水灌溉系统和自动化施肥系统是实现低碳植物景观运营维护的重要方式之一。为了进一步降低碳排放，可以考虑采用低碳灌溉和施肥设备，以及结合可再生能源供电等方式，实现全面的碳减排目标。

4）修剪更新技术

在城市绿地的管理中，针对不同类型的绿地实行差异化的养护标准是必要的，这样可以更加有效地维护和提升其生态价值和美观性。管理和养护的首要步骤是确定修剪的对象，包括树木、灌木和草坪等。在这一过程中，首先要识别出了植物健康或安全必须处理的修剪项目，例如病弱枝、交叉枝、过密枝和低垂枝等。了解植物生长规律对于实施低碳增汇植物景观修剪更新技术也至关重要。不同种类的植物修剪要求各不相同，在修剪时工作人员应根据植物适合的修剪形状展开工作。比如，在对大叶黄杨进行修剪时，每年都需要进行多次枝条修剪，使其整体看起来较为丰满，修剪部分主要为病虫枝、细弱枝等。对于老树枝也要进行修剪，选择1~3个交错的主干进行剪除，次年春季剪口处又会重新长出新芽[6]。精准的植被修剪更新技术可以帮助工作人员合理安排修剪更新时间，避免浪费资源和能源。其次，应倡导自然的生长方式。过度修剪不仅会消耗大量资源和能源，还可能影响植物的生长状态和生态平衡。因此，在进行修剪时，应该尽量避免过度干预，让植物按照自然的生长规律发展，保持健康的生长状态。

在技术手段方面，选择低碳的管理方法对于环境保护和可持续发展尤为重要。例如，使用手工修剪工具代替燃油驱动的机械可以显著降低碳排放。此外，采用自然堆肥来提供养分，使用微喷灌或滴灌系统节约用水，也都是低碳的养护技术。这些方法不仅能够减少对环境的负担，降低碳排放，还可以提高绿地的生态功能和美观度，使其更好地服务于城市和公众。

6.3.3　水景观的低碳运营维护

为应对干旱、水资源短缺和污染等问题，国内外专家和学者进行了许多有利的探索和实践，提出了节水型园林、良性节水模式、可持续小区、雨水回收的景观化、水资源恢复的补偿机制等理论基础。在低碳增汇景观的运营维护中，尤其需要注重水资源的保护和循环利用，其主要内容可概括为以下几个方面[7]。

1）水景观资源规划技术

在水资源的综合利用中，首要目标是进行合理的水资源规划。这一目标是确保水资源的充分利用和保护，以满足城市绿地的需求。为实现这一目标，首先需要明确水资源利用的目的与需求，分析绿地的用水模式和需求量；其次是对公共绿地、园地、林地、湿地等园林绿化的基础信息调查，建立园林绿化详细名录，根据实际情况调度周围的水资源，确保供需平衡；最后是做好用水总量控制，严格按照园林绿化用水实施分区分类差别化定额管控，完善用水计量设施，全面实现用水计量以提高用水效率。

2）低碳水景观营造技术

在低碳发展的趋势下，水体景观的维护除了考虑其景观效果外，应更多地注重其生态性，营造更适宜人类需求的低碳型水体景观。维护工作的重点在于采取一系列措施来保护和有效利用水资源。

首先，针对水景观的位置选择，应结合地形和自然水源，充分利用所在地的地理特点，采取"就地取材"的原则，以降低能量消耗。

其次，需要建立完善的水资源监测系统，实现对园林绿化用水的实时监测和数据收集。在园林绿化工程实施过程中，将节水措施作为必要的审核指标，确保水资源的有效利用。

再次，注重雨水的收集与利用。包括雨水就地渗透利用、雨水储存利用和雨水花园等形式。通过更新各种低碳节水设施，如透水铺装、下凹式绿地、蓄水池等，引导雨水充分渗透至土壤或地下水层，以及通过净化处理后利用于绿地浇灌和景观用水等。此外，推动节水耐旱型乡土植物在园林绿化工程建设中的应用，可以降低对外部水资源的需求。

最后，结合园林绿化工程建设，加大渗透设施建设，确保绿化地块的降水不外排，增加降雨就地消纳和利用。同时，利用园林绿化废弃物对地表进行覆盖，减少灌溉次数和水土流失，进一步促进水景观的低碳维护。

3）低碳节水技术

低碳节水技术的广泛应用是水资源低碳运营维护中的关键环节，以及对现有节水设施进行升级改造，进一步加大喷灌、微灌、滴灌等多种节水灌溉方式的应用力度。同时应加大科技创新引领作用，开展节水技术交流，加强"园林绿化废弃物裸露地覆盖""果园生草""园艺地布覆盖""智能喷灌""痕量灌溉"等节水新技术、新工艺、新理念的推广应用，以不断提升节水技术水平。

以下是四种节水灌溉技术的应用：

低压管道输水：通过将管道埋入地下，采用地下暗管低压输水方式。相较于传统的明渠输水方式，低压管道输水具有节省水量、提高输水效率等优势。通过控制输水压力和流量，有效避免了土壤冲刷和盐碱化问题，同时提升了园林景观效果。

喷灌：利用专业设备将水以有压力的方式喷洒到空中，均匀地洒在土壤表面供植物吸收。喷灌适用于灌木、草坪、花卉等低矮植物，具有灌溉均匀、适应不同地形等优点。

滴灌：通过压力管道将水输送至灌水器，再由灌水器以恒定的低流量滴入土壤。滴灌主要应用于灌木、花卉等园林绿化中，其特点是流量小、输水时间长。然而，滴灌系统对水质要求较高，且滴水口易堵塞，养护成本较高。

微灌：利用低压水泵和有压管道系统，将水喷洒成细小雾滴喷洒到植物根区。微灌溉是一种介于喷灌和滴灌之间的灌水技术，具有节水效率高、操作简便等优点，适用于多种需水植物。

这些节水灌溉技术的应用，有助于提高园林绿化的水资源利用效率，实现低碳节水的目标。

公园作为城市绿肺和人们休闲娱乐的场所，其日常管理方式对于减少碳排放、促进生态平衡至关重要。本节内容将详细介绍如何通过自然带与生态保育小区的营造与管理、回收利用园林固废材料、应用智慧化低碳景观运维平台、科普宣教低碳增汇理念等管理方式来实现公园的可持续发展。

6.4.1 自然带的营造与管理

1）自然带的定义与范围划定

自然带是指在城市林地绿地区域内保留的较大面积且具有良好连通性的区域，在该区域内强调避免人为干预，促进自然演替，提升区域内的荒野和自然程度，以提升生态系统韧性和维持生物多样性，使生态系统达到能够自我维持的状态，是实现城市生物多样性保护目标的一种重要途径。自然带的体现形式为生物多样性示范区、保育小区、生态保育核、留野区等。

在建设自然带前应进行事前评估，在城市公园及绿地、郊野公园、平原生态林等区域中充分结合自然生态条件，选择人为干扰少的区域，作为自然带营造和管理的目标区域。优先考虑水源、湖岛、湿地、山体或存有原生植被的区域。

2）自然带的分类营造方式

生物多样性示范区：生物多样性示范区的营造旨在展示地区丰富的生物资源，引导人们更加关注生物多样性保护的重要性。园区营造将注重观赏性与教育性的结合，建造公共文化空间等设施的同时，依托建成环境为野生动物搭建巢穴及昆虫旅馆等，为鸟类和其他小动物营造人为干扰较少的停留空间，满足其生存和繁育的需要，使其与人类共享城市空间。

生态保育小区：在森林、大体量公园和绿地中选择隐蔽性强、食源植物多的区域，通过搭建小微湿地和本杰土堆（人造灌木丛）等方式，为小动物营造栖息地。每个保育小区内可建设1～2处小微湿地，面积不小于20m²，采用集水坑塘和水生植物构成，中心深度80cm以上，底部防渗处理，边坡种植水生植物，以增加植物多样性；每个小区建设1～5个本杰土堆，体积不小于（2×2×1）m³，堆内种植灌木或爬藤植物，周边密植丛生灌木，设置开口和孔洞，吸引小动物栖息；同时栽植多样性植物，包括食源性、蜜源性植物和林下灌木，根据相关技术导则和品种推荐，适当留野并种植地被植物；最后设置人工鸟巢和昆虫旅馆，数量适中，根据当地鸟类种类和生活习性设计形状多样的鸟巢，铺设干草，同时在核心区和周围设置昆虫旅馆。

生态保育核：选择适宜的地理位置和生态环境，尽可能选择未受到过度开发或破坏的自然环境，以确保生态保育核的生态功能和稳定性；建立生态保育核的核心区和缓冲区，核心区主要用于保护稀有濒危物种和重要生态系统，限制游人进入；缓冲区则用于缓解人类活动对核心区的影响；通过保留自然植被、植物播种、种植混交林、异龄林等多种方式，构建不同类型植物群落。同时应在保育核内预留动物迁徙廊道、种植食源蜜源植物，构筑居住巢穴，提供水源，为各种鸟类、小型动物营造栖息地。

留野区：确定留野区的范围和边界，划定清晰的保护区域，并建立健全的管理制度和保护措施；在留野区内禁止任何建设，将人类对自然的干扰降到最低，通过自然保育和封闭管理完整保留和保护自然生境，探索自然繁衍的生态保护路径。

3）管理措施

人为干预限制：自然带的管理要以避免人为干预，促进自然演替，提升区域内的荒野和自然程度为基本原则，促进自然带植物群落的自我维持和自然演替。自然带中应避免修剪和人工浇水；避免清理枯枝落叶；禁止投喂野生动物；不可填堵树洞，以免影响动物营巢和栖居；严禁向水体中放生外来物种。

特殊情况处理：一般情况下应避免对树木的人工干预，但是当出现大面积病虫害浸染和极端天气造成干旱的情况时，可以通过生物防治或者修枝来降低危害程度，可适当浇水；自然带中如果存在古树名木，则按照相关法律法规实施管理；对确实会造成火灾隐患的枯枝落叶和干枯草本植物，应待草本种子成熟后，在进入防火季前清理；个别地段火险等级较高时，可在入冬前集中清理一次，清理时，应注意保留天然更新幼苗、动物栖息场所；春夏为鸟类繁殖季节，没有重大活动和节日时，应关闭自然带周边的所有非必需的、装饰性的灯光，避免影响鸟类繁殖。

生态恢复与种植策略：确需对自然带及周边植被进行修复时，应优先选取乡土植物，不应大量、成片种植非本土园艺植物；对于失衡或污染的水体，应通过捕捞或者修复食物链等措施来改善目标水体生态结构。

6.4.2 回收利用园林固废材料

园林固废材料是园林植物在生长和养护期间所产生的草坪修剪物、乔灌木修剪物、枯枝落叶和废弃花草等植物废弃材料的总称。寻求园林固废材料无害化处理及资源化利用，对节约自然资源、防止环境污染、实现生态经济良性发展具有重要意义。目前我国园林固废材料资源化利用的方向主要有养护管理材料、园林施工材料、生物质能源材料等。

1）养护管理材料

有机肥料：将园林废弃物粉碎，调节含水量、碳氮比和温度等，并添加微生物后进行堆沤发酵处理，降低原料中挥发性物质的含量，改善其物理性质，增加稳定有机质含量，可制成绿色环保的有机肥料。与传统肥料相比，由园林废弃物加工制成的肥料臭气元素较少、氮磷等营养物质含量较高。由园林废弃物制成的有机肥料可以增加土壤养分、提高有机质含量、有效刺激土壤中的微生物活性，为植物生长发育提供全面长效的营养成分。

土壤改良剂：通过微生物发酵后的园林废弃物可以有效改变土壤理化性质，形成团粒结构，改良土壤的密度，增加土壤疏松度，促进植物根系生长。土壤中加入堆肥以后可提升钾、氮和磷的含量，对土壤的pH有一定的调节作用，而且保墒效果更好。使用园林废弃物堆制的有机肥可减少和缓解长期施用化肥导致的土壤板结问题。同时使用园林废弃物还能调节土壤温度，对于越冬困难的植物有一定的缓解作用。

园林覆盖物：将园林废弃物粉碎成为不同规格的颗粒，经消毒处理后可以用来覆盖地表，对土壤具有很好的抑尘、保湿、保温和减少土壤流失的作用。彩色有机覆盖物还能起到较好地改良土壤和美化环境的效果。同时，随着时间的推移，地表覆盖的园林废弃物将发生自然降解反应，转变为有机物，为绿化植物提供养料，降低土壤pH。

栽培基质：目前，用于园林植物容器育苗的基质以泥炭为主，泥炭属于优良的有机基质。随着对泥炭土的需求增加，使得成本不断提高，并且泥炭土资源有限，如果过量开采则会破坏生态环境。园林废弃物的再生利用可有效替代泥炭，成为良好的绿化基质，保护我国泥炭资源和湿地生态环境。利用园林废弃物制成的栽培基质疏松、透气，可以有效调节土壤中水、气、肥供应状态，有较强的保水、保肥能力及稳定性，可用于花卉、苗木和农业生产等领域。

2）园林施工材料

木（塑）产品：从园林废弃物中筛选出大体积树枝进行粉碎处理，与高分子树脂经过一系列加工处理后复合形成木塑材料。木（塑）材料当前主要应用于工程建设、货物包装、室内装饰装修、汽车制造等领域。此外，将园林修剪过程中产生的较小树枝或枝干，作为原料制作成纸类、木筷等物品。园林废弃物中枝干的碳氮比高，经过破碎处理可与水泥、黄砂、添加剂和水等经相应工序制成生态透水砖。另外，园林废弃物还可以制作木质结构小道、木质景观小品、坐凳、花坛、指示牌、地景艺术等，极具自然朴素之美，以低碳、生态理念，把园林废弃物转化成新的艺术结构，是园林废弃物资源化利用新的发展方向[8]。

3）生物质能源材料

食用菌培养料：将园林废弃物送至处理厂加工为木屑，并在木屑中加入适量的营养料与无机盐，可将其制作为食用菌培养料。与传统食用菌培养料相比，由园林废弃物制作而成的食用菌培养料具有原材料来源广泛、无农药与化学残留成分、营养物质丰富等优势。

生物质能源：生物质能处理即是把园林废弃物转换为生物燃料。园林废弃物含有大量有机质，其中碳含量比例最高。园林废弃物可通过粉碎、干燥和热解气化等处理方式，加工成各类颗粒固体燃料及其提取物，此种新形式燃料属可再生能源，可取代传统燃料进行工业生产、发电、供暖。

畜禽饲料：各种杂草类园林废弃物含丰富的纤维类物质，可通过对其分类收集、晒干等相应加工处理，制作成畜禽饲料，还可利用发酵技术将饲料进一步制作成为青贮饲料。

6.4.3 应用智慧化低碳景观运维平台

智慧化低碳景观运维平台是一种基于互联网技术的城市绿地管理系统。该平台可结合智能化管理，通过优化资源利用、降低能源消耗等手段，最大程度地减少对环境的负面影响，实现绿地管理的低碳化运营。本节将深入探讨该平台的应用对象、搭建框架以及主要内容，旨在全面展示其在城市管理中的主要功能、应用场景和重要作用[9]。

1）平台应用对象

智慧化低碳景观运维平台的应用不仅局限于公园个体的管理，也涵盖区域相关政府部门和城市整体的管理。

在公园个体方面，该平台可以通过智能监测设备实时监测植被生长情况、土壤湿度和空气质量等指标，同时最大限度地减少碳排放，从而实现精细化的园林管理。同时，利用人工智能技术，平台还可以对游客流量进行预测和管理，优化游园体验并提高安全性。

在区域相关政府部门层面，该平台可以整合各个公园的数据，进行综合分析和评估，为政府部门（园林局、环保局等）提供决策支持。例如，通过分析公园绿地率、生态环境指数等数据，政府可以制定更加科学的城市规划和绿化政策，提升城市的生态环境质量。

在城市整体方面，智慧化低碳景观运维平台可以作为城市智慧化建设的重要组成部分，与城市其他智能系统相互联动，实现城市景观资源的最优配置和协同管理。通过数据共享和交互、智能监测与管理，城市可以大大减少人工成本，并提高运维效率。此外，平台还可以帮助城市实现节能减排目标，提升城市整体的低碳化水平，减缓气候变化的影响，同时提升城市形象和吸引力。

2）平台搭建框架

监测端口：监测端口是智慧化低碳景观运维平台的核心组成部分之一。通过各种传感器和监测设备，监测端口能够实时采集公园环境数据，如空气质量、水质、温度、湿度等。这些数据将通过网络传输到平台的中央数据库中，供后续分析和处理以实现低碳化运营。

管理端口：管理端口是智慧化低碳景观运维平台的管理界面。通过管理端口，公园管理者和政府部门可以实时查看公园的运行状况和环境数据，管理设施维护和人员调度等。管理端口还提供了数据分析和报告功能，帮助用户更好地理解数据，制定有效的管理策略。

员工端口：员工端口是为公园管理人员和工作人员设计的应用界面。通过员工端口，他们可以查看任务列表、接收任务指派、记录工作进度等。员工端口还可以提供培训和指导资源，帮助员工提升工作效率和专业技能，实现绿地管理的低碳化运营目标。

部门端口：部门端口是为政府部门和城市管理部门设计的应用界面。通过部门端口，他们可以查看整个城市绿地系统的运行情况，制定政策和规划，协调资源分配和管理。部门端口还可以与其他系统集成，实现跨部门的信息共享和协同工作，最终推动城市的低碳化发展。

3）平台主要内容

智慧化低碳景观运维平台的主要内容包括全面管理、智能安防、数据分析、信息发布、运维管理、病虫害监测、智能广播、智慧照明、场地管理、生态监测、社会运营等多种定制化系统。

全面管理功能管理者能够实时掌握景观的运营情况，包括人员流动、设备状态、环境状况等；智能安防系统则通过监控摄像头和报警设备，保障公园的安全，及时发现并处理安全隐患；数据分析功能可以收集并分析绿地内的各种数据，如游客流量、行为习惯等，为管理者提供决策支持，优化服务内容和方式，以满足游客的需求；信息发布系统可以及时向游客发布活动信息和公告，增强游客的参与感和满意度；运维管理系统通过物联网技术实时监控设备的运行状态，预测并处理潜在故障；病虫害监测系统则利用生物传感器和图像识别技术，为城市绿地的植物健康提供有力保障；智能广播系统则用于紧急情况的通知和指引，保障游客的安全；智慧照明系统根据天气和时间自动调节灯光，营造舒适游览环境的同时减少不必要的能源消耗；场地管理系统让游客能够方便地预约和租赁场地，享受更加便捷的活动体验；生态监测系统则实时监测绿地内的生态环境指标，为景观的生态保护提供科学依据；社会运营系统通过整合社会资源与城市绿地管理，提升景观运营效率和服务质量，实现绿地的可持续发展与社会价值的最大化。

综上所述，智慧化低碳景观运维平台通过互联网技术，为管理者提供了强大的工具，使城市绿地管理更加智能化、精细化，为游客带来更好的游览体验。随着科技的进步，智慧化低碳景观运维平台将在城市绿地管理中发挥越来越重要的作用。

6.4.4 科普宣教低碳增汇理念

1）科普宣教目标人群

低碳增汇景观科普宣教的目标人群涵盖了各个社会群体，主要包括：

政府部门：涉及环保、城市规划、园林绿化等领域的政府部门，包括地方政府和相关行政机构是低碳增汇景观推广的关键推动者。政府部门需要深入了解低碳增汇景观的意义、技术和政策支持，推动相关政策的制定和实施，以及在城市规划和建设中的应用。

公司企业：从事园林绿化、环境保护、房地产开发等行业的企业，以及其他关注企业社会责任和可持续发展的企业也是低碳增汇景观建设的重要参与者，企业可以通过开展环保项目、采用绿色技术和支持环保倡议来履行社会责任，推动低碳增汇景观的发展。

组织机构：包括非政府组织、学术研究机构、行业协会等。这些组织在倡导环保意识、提供专业指导和推动政策制定方面发挥着重要作用，对低碳增汇景观的推广起到了关键作用。

社会公众：社会公众是低碳增汇景观推广过程中的最终受益者和参与者。通过向公众普及环保知识、加强环保意识、鼓励参与环保行动，可以促进低碳增汇景观理念的深入人心，推动绿色生活方式的普及。

通过针对不同人群的科普宣教活动和精准推广策略，可以更有效地促进低碳增汇景观理念的传播和实践，推动社会各界共同参与环保和可持续发展的事业。

2）科普宣教内容

低碳增汇景观科普宣教的内容可主要分为以下4个方面：

（1）低碳增汇景观的规划设计：介绍低碳增汇景观的规划设计原则和方法。通过讲解如何科学规划，最大限度地减少资源消耗，优化设计布局，创造生态空间，引导公众认识到规划对于降低碳排放和保护环境的重要性。

（2）高碳汇植物材料：介绍选择高碳汇植物材料的重要性和方法。通过展示适应当地气候的植物选择以及推广本地植物的意义，让公众了解到选择合适的植物材料对于减少资源消耗和碳排放的影响。

（3）低碳增汇景观运营维护的流程：阐述低碳增汇景观的运营维护流程，包括建立科学的养护体系、采用绿色养护技术、定期养护和修剪等内容。通过这些信息，公众能够了解到如何科学地管理景观，从而减少对环境的负面影响。

（4）低碳增汇景观特别的管理技术手段：通过介绍特别的管理技术手段，如智能灌溉系统、无人机巡检等。通过展示这些高科技手段如何提高管理效率、降低资源浪费，引导公众意识到科技创新对于低碳增汇景观的重要作用。

3）科普宣教方式

推动低碳增汇景观建设和社会参与中，科普宣教扮演着关键的角色。科普宣教的方式多种多样，主要包括但不限于以下几种：

（1）基础理论科普：基础理论科普旨在解释低碳增汇景观的概念和意义。通过图文并茂的方式，向公众介绍低碳增汇景观如何通过减少碳排放和增加碳储存来降低温室气体的影响，以及其在可持续发展中的重要作用。

（2）设计科普：设计科普着重介绍低碳增汇景观的设计原则和方法。通过案例分析和实地考察，阐述如何选择适应当地环境的植物、优化布局设计，以及考虑节能、环保和可持续性等因素，从而引导公众了解设计对于实现低碳目标的关键作用。

（3）建造过程科普：建造过程科普详细介绍低碳增汇景观的建造过程和技术。通过实地考察和实例展示，解释如何选择低碳建材、优化施工流程以减少能源消耗和废弃物产生，以及采用绿色建筑技术来降低碳排放。

（4）植物科普：植物科普旨在增进公众对低碳增汇景观中常用植物的了解。通过植物识别、生长习性和养护技巧的介绍，帮助公众认识适应当地气候和土壤条件的植物，以及如何利用植物特性增加碳储存。

（5）运营维护科普：运营维护科普着重介绍低碳增汇景观的日常管理和维护方法。通过现场演示和案例分享，传授如何建立科学的养护体系、采用绿色养护技术以及定期进行养护和修剪的技巧，以保持景观的美观性和功能性。

以北京温榆河公园·未来智谷为例，可以总结出一系列科普宣教的手段，引领人们迈向更加环保、可持续的生活方式。

作为北京市内首个以"碳中和"为主题的公园，温榆河公园·未来智谷集中展示了低碳增汇景观的特色和成果。公园内建设了低碳驿站、碳心广场、童趣碳知园等12个主要景点，形成了"碳的世界""中国力量""和谐家园"3大主题区，让市民沉浸式体验"碳中和"的生活方式。未来智谷依托智慧景观互动设施，首次尝试创立"碳积分"游园体系，鼓励市民参与绿色出行、低碳环保等活动，从而促进低碳生活理念的普及和落实。

在温榆河公园的建设过程中，科普宣教贯穿始终，成为推动低碳增汇景观的重要手段之一。其采取的科普宣教方式可归纳为：

景观设计与科普教育融合：温榆河公园以其创新性的景观设计，将科普教育与自然景观相融合，如利用艺术元素激活环境主题，通过讲故事的方式让市民在沉浸式游览体验中深入了解低碳生活的重要性。

互动式科普学习：公园设立智慧景观互动设施，记录游客的低碳行为，转化为"碳积分"，通过碳积分兑换机制，鼓励市民参与低碳环保、科普学习等活动，从而实现科普宣教与社会参与的有机结合。

环保技术应用与科普推广：公园广泛使用低碳环保技术产品，如透水混凝土、透水砖等，并开展碳汇计量与监测研究，向市民展示清洁能源和低碳科技，推动绿色生活方式的普及和推广。温榆河公园科普宣教的方式不仅有效引导了公众参与低碳环保行动，促进低碳生活理念的普及和落实，也为推动低碳增汇景观建设提供了一个生动的学习范例。

思考题

1. 在运营和维护低碳增汇景观时，如何促进社区参与？
2. 在景观维护过程中如何保护当地生物多样性、土壤质量和水资源？
3. 有哪些措施可以降低景观维护过程中产生的碳排放，进一步提高碳汇景观的整体效益？

延伸阅读

1. 涂秋风. 低碳与城市园林[M]. 北京：中国建筑工业出版社，2012.

参考文献

［1］ 颜玉璞. "双碳"背景下全生命周期绿色低碳景观建设研究[J]. 城市建筑空间，2023，30（7）：53-55.
［2］ 碳中和公园实施指南：T/CSES 116—2023[S].
［3］ 深圳市市场监督管理局. 零碳公园建设及运营规范：DB4403IT 420—2023[S/OL]. 2024[2024-02-23]https://amr.sz.gov.cn/attachment/1/1399/1399597/11078145.pdf
［4］ 胡维佳，杨柳青. 浅析低碳理念在园林景观中的运用[J]. 北方园艺，2011（6）：113-115.

［5］李发明. 生态控制措施在园林病虫害防治工作中的应用[J]. 大众标准化，2023（24）：144-146.

［6］舒望. 低碳理念下的城市园林景观设计[J]. 美与时代（城市版），2021（12）：59-60.

［7］滕明君，周志翔，岳辉，等. 低碳园林的生态学途径[J]. 中国园林，2012，28（4）：40-43.

［8］刘瑜，赵佳颖，周晚来，等. 城市园林废弃物资源化利用研究进展[J]. 环境科学与技术，2020，43（4）：32-38.

［9］DreamDeck梦想甲板公众号https://mp.weixin.qq.com/s/lz0ycvrlGDlsSFkF3qkP7Q.

第 7 章

低碳增汇景观生命周期碳足迹优化

【本章提要】碳排放计算是低碳建设的重要内容，生命周期评估方法自1990年起就已经被用于建筑部门，并且成为评价建筑环境影响的一种重要工具。景观营造作为人类重要的建造活动，与建筑建造具有相似性。参照建筑的建造活动，可以搭建起低碳增汇景观生命周期碳排放计算模型。本章介绍了目前最为常用的低碳增汇景观生命周期碳排放计算模型，明确了低碳增汇景观生命周期碳排放评价方法的概念，重点阐述目标范围界定、评价清单编制、环境影响评价、评价结果解析四个步骤，并基于景观的动态性、长期性的特征，对评价方法与侧重点进行调整修正。

7.1 低碳增汇景观生命周期评价

7.1.1 生命周期评价的一般流程

自1990年起，生命周期评价方法已成为建筑行业评估环境影响的重要工具，为可持续发展提供了关键性支持[1]。建筑物的全生命周期包括从建筑材料的生产、运输、建造、日常使用和维护，到废弃拆除等多个阶段[2~4]。2011年，德国学者斯特罗巴切尔首次将生命周期法引入城市绿地碳足迹评估领域[5]，从建造、维护管理和树生物量3个阶段来评估城市绿地碳足迹。而后，美国相关部门陆续发布了相关建设规范指南，搭建了相关指标数据库，为景观生命周期评价提供量化指标参考依据。国际上更多的学者也逐渐加入景观生命周期的研究，景观生命周期评价体系日渐完善。

7.1.2 低碳增汇景观生命周期评价流程

1）目标范围界定

（1）评价目标

景观生命周期评价以科学降低景观生命周期各阶段碳排放量为愿景，实现整体人文生态系统的整体最优化。景观生命周期评价以增汇减排为首要目标，以期得到景观生命周期碳足迹量化的结果，从而提出因地制宜的规划设计方案与科学的管理维护策略，减少过程中能源资源的消耗、增强景观碳汇能力，为景观设计和建造运营提供环境管理依据。

增汇减排主要分为直接增汇、直接减排与间接减排3个方面。景观系统化降碳减排方法的选择应建立在客观、合理、精准测算的基础之上，在规划、设计、生产、建造、运营等环节采取碳足迹核算，与其他同尺度、同类型景观进行对比，调整实施策略，实现有方向性、有针对性的对材料、设备或设计工艺进行替换、升级或改良，为循证设计提供客观依据。

从不同尺度视角出发，景观碳足迹优化涵盖了多层次的评价目标。

城市绿地系统着眼于支持整个城乡生态系统的可持续性，目标为促进碳储存和减缓气候变化。该尺度关注生态格局以及数量层面建设指标对碳汇能力的影响，旨在通过构建良好的城市生态格局来减少碳排放与环境污染、增强绿地系统的韧性、保护生物多样性。

城市绿地主要包括绿地系统中的绿地斑块，如公园、湿地或绿化带。其目标是根据生态原则进行环境建设，通过生态友好的设计和管理实践来减少污染和环境压力、改善局部环境质量，并保护或增强一定范围内的生物多样性，实现具体的环境、社会和文化效益。

植物群落主要包括景观内部的具体植物群落和植株，目标是通过科学的选种和养护方法，形成更加稳定、韧性的植被结构，在增强碳固定能力，减少维护需求和资源消耗的同时，提升生物多样性，为城市生态系统提供更丰富的生态位。

（2）系统边界

系统边界的确立是进行全生命周期评估的基础性步骤[6]。在确定系统边界时，应确保其与研究目标保持一致，并清晰地解释说明建立系统边界的准则，明确全生命周期应包括的输入和输出以及其详细程度，并规定研究中所涵盖单元过程的范围和深度。

绿地规划设计对于绿地后期的建造和管理具有某种程度上的决定作用。不同的设计方案由于在风格定位，材料选择的差异，必然导致后期建造和管理措施的不同。因此，景观全生命周期分为规划设计阶段与建造运营阶段两个部分。

规划设计阶段通过指标调控、布局优化、类型创新和种植方式改良等措施，实现景观生命周期后续阶段的碳足迹优化。虽然这一阶段并没有实际的碳汇、碳排量产生，但对未来运营期间植被碳汇和减排效益有着决定性的影响。碳汇方面，主要考虑绿地水体比例、空间布局、植被类型、生境类型等影响因素；碳排方面，规划设计以间接减排为主，考虑在降温增湿、通风减排、绿色出行三个方面的减排效益。

建造运营阶段细分为景观材料的生产、运输、建造、运营维护、拆除5个阶段[7]。计算对象包括植被、地形水体、建筑构筑物、硬化表面、配套设施5类景观绿地的主要构成要素。在充分考虑评价对象所处的自然地理背景及植被特征的基础上，通常将景观分为乔木、灌木、草本、水生植物四个植物层子系统，来评价其植株生物量和碳汇量。碳排方面，尽可能全面地考虑到各环节可能的碳排放源，包括能源消耗与材料消耗：生产过程主要考虑建材生产的碳排放；运输过程主要考虑汽油和柴油消耗产生的碳排放；建造过程碳排放的主要来源是机械设备的能源消耗（柴油和天然气）；运营维护过

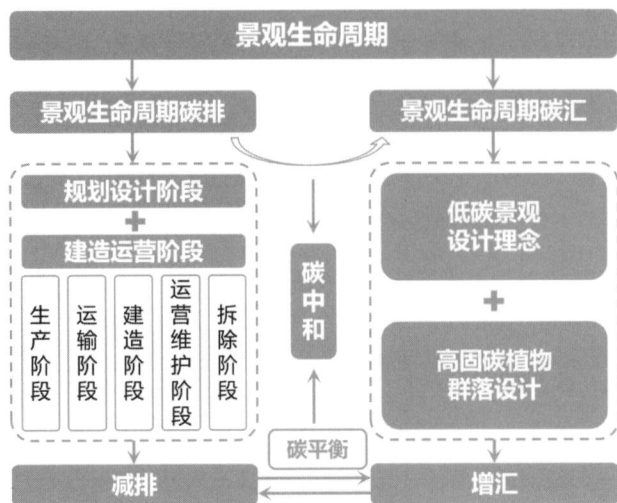

图7-1 低碳增汇景观生命周期系统边界

程碳排放包括灌溉、施肥和农药的使用；拆除过程主要考虑机械设备的能源消耗以及修剪、枯落物处理（图7-1）。

（3）时间边界和空间边界

明确时间边界与空间边界是景观生命周期评价的核心工作。特别是景观的生命周期系统涉及人与自然各个方面的相互作用，是一个相比于其他产品更为复杂的系统。时间边界与空间边界的确立能够确保评价的全面性、普适性、可比性和准确性，从而提供更可靠的评价结果与优化措施。

时间边界是指整个生命周期系统运行和数据收集的时间范围。时间边界的确立不仅给可追踪到的碳排放源确立一个可以纳入核算的起点时间，还明确了产生碳汇的平均周期，排除了季节变化的影响。对于景观而言，评价过程涉及长期的生态过程和服务，包括植物的生长、成熟以及与之相关的碳汇碳排能力的变化。考虑到植被种植后的生长调控周期，大多数植被在种植后的50年达到一个相对稳定的生长状态，且此后植被固碳能力不再发生剧烈变化且无需常规维护。因此，在景观生命周期碳足迹评价中通常设定时间边界为从建造年份起始的50年。

空间边界是指景观生命周期评价的功能单位，定义了系统所提供输出功能的度量单位。空间边界的确立对景观系统的输入和输出进行了标准化。空间边界必须是明确可测的。在景观碳足迹评价时，空间边界设定通常取决于评价对象的尺度。在宏观尺度下，通常以整个城市、区域、流域边界作为碳足迹评价空间边界，从整体景观的视角计算碳足迹；在中观尺度下，通常以公园绿地、绿地斑块为空间边界，尤其是统一进行工程建设的具体项目，综合考虑其内部各要素的碳汇、碳排量；在微观尺度下，空间边界可以界定为植物群落、场地等，更细致、高精度地对碳汇、碳排进行量化评价。因此，正确选择景观碳足迹评价的空间边界能够支持相应的生命周期评价成果，相反，不适合的选择可能导致所获得的评价结果毫无意义。

2）评价清单编制

在制定评价清单之前，必须进行清单分析，这包括数据收集、数据审定、数据与空间边界关联等步骤，通过持续的分析完善，最终确定完善的景观生命周期碳足迹评价清单。下文介绍的评价清单是基于常规情景的选择，针对具体的评价对象和目标，评价清单也可能进行相应调整。

（1）规划设计阶段

在规划设计阶段，景观碳足迹主要考虑不同尺度下的空间布局模式、植被覆盖类型等对碳汇、碳排产生的影响，通常以直接增汇、间接减排两个方面为主：在直接增汇方面，绿地与植被的碳汇能力，可以通过增加植被覆盖面积、优化植物配置方式，或是促进植物固碳释氧的生理过程等方式，提升景观的碳汇能力；在间接减排方面，通过影响周边环境的热岛效应、到访交通的碳排放量、发挥低碳教育的示范作用等途径，影响蓝绿空间其他系统的碳排水平。

①城市绿地系统

城市绿地系统中，直接增汇的核心关注点是景观的整体规模和特性，旨在识别规划区域内具有高碳固定潜力的区域，并通过增加树木覆盖率、恢复湿地等手段扩大范围，进而提升整个区域的碳汇功能。因此，评价清单的选择旨在客观说明高绿量景观的特点，评估如归一化植被指数等关键指标。

间接减排主要选取与景观分布格局相关的指标，例如：蔓延度指数是指景观里不同斑块类型的团聚程度或延展趋势；最大斑块指数用于确定景观中的优势斑块类型；香农均匀性指数用于比较不同景观或同一景观不同时期多样性变化；香农多样性指数能反映景观异质性，对景观中各拼块类型非均衡分布状况较为敏感。

②城市绿地

城市绿地中，景观内部的植被配置是直接增汇评价的重点，旨在通过精细调整植物组合和布局来最大化其碳汇潜力。城市绿地评价指标的选取上，需要在反映景观碳汇的量化属性的同时，体现质化特征。相应指标选取包括绿地率、绿化覆盖率、蓝绿比、林草比、路网密度、郁闭度、植被类型、高碳汇能力树种占比、乡土树种占比等。

间接减排关注衡量斑块内部特征的间接减排能力，例如绿地斑块边缘密度用于表征斑块破碎度；公园绿地可达人口比是反映绿地分布公平性的重要指标。

③植物群落

在微观尺度上，直接增汇评价内容聚焦于景观中不同品种的单株植物以及不同类型的植物群落的碳汇能力。评价清单选取指标时，选择与植物的生长速率和生命周期阶段相关，并且能直观反映景观植被直接增汇能力的变量。包括郁闭度、疏密度、叶面积指数、植被类型、高碳汇能力树种占比、乡土树种占比、植物规格、三维绿量等。

间接减排方面主要选取可以说明植被配植特征的指标，例如立体绿化推广率、义务植树保存率等。

（2）建造运营阶段

城市绿地系统指城市规划区范畴内各类城市绿地所组成的绿地系统，是由城市中各种类型和规模的绿化用地组成的具有较强生态服务功能的整体，是城市总体规划的有机组成部分，不涉及建造运营。因此，在这一阶段不对城市绿地系统进行讨论。

在建造运营阶段，生命周期进一步细分为生产、运输、建造、运营维护、拆除5个阶段，计算对象包括植被、地形水体、建（筑）构筑物、硬化表面、配套设施5类园林景观绿地的主要空间要素。

城市绿地景观生命周期内的实际碳封存量主要源于建造运营阶段的直接增汇作用。在评估碳封存量时，不仅要考虑植物的初始生物量，还要考虑其整个生长周期中的碳吸收能力，使植物从幼苗到成熟期的碳汇量都被纳入景观系统的总碳汇量中。为了提高评估的准确性，需要全面考虑评估对象所处的自然地理环境，包括气候条件、土壤类型和水分可用性等因素，因为这些都会影响植物的生长速度和碳汇潜力。在评估过程中，通过采用生物量模型来量化植被的碳封存能力，并根据实际植物生长数据和生态学原理确定不同植物类型的生长曲线，从而估算植物在任意时间后的碳封存量及其年碳汇量。

碳排核算主要考虑五类景观要素：植被、地形水体、建（筑）构筑物、硬化表面和配套设施。生产阶段包括植被幼苗和人工建材的生产；运输阶段包括将材料和设备运送到施工现场；建造阶段指实际的景观施工过程，包括植株种植、土方处理和建筑构筑物的建造；运营维护阶段包括植被、建筑和配套设施的日常维护；拆除阶段涵盖了植被更新、移除以及建筑物寿命结束后的拆除工作。

景观的直接碳排主要就是在建造运营阶段发生的。在前期生产、运输、建造的建设过程中，需要考虑的评价指标包括材料生产加工过程中能源的消耗，材料运输、种苗时使用的车辆类型、油耗、运输里程，所有耗能机械的类型、设备使用频率等。在运营维护、拆除的养护过程中，考虑到的指标有使用频率、运输车辆和耗能机械在维护过程中的消耗，以及灌溉、修剪、堆肥、施药、枯落物处置等过程。养护过程中的碳排水平可以借助绿地的养护成本来体现。

3）环境影响评价

环境影响评价是用于量化评估过程中所有对现实环境产生影响的行为，是后续实施方案拟定的重要依据。这是景观生命周期最重要的阶段，也是最困难的环节。一般说来，这一过程包括与碳足迹评价清单相关联的具体的碳汇碳排计算。影响评价是对清单阶段所识别的环境影响压力进行定量或定性的表征评价。

此外，景观的碳足迹影响评价应该是一个动态的、迭代的过程，其中包括定期回顾和评估生命周期评价的目标及其范围。这样的机制确保评价活动与既定目标保持一致，并能够及时调整以应对任何未能实现的目标。如果原定的目标未能达成，就应重新审视并调整最初设定的目标和范围，以确保景观碳足迹评估的连续性和适应性。

①城市绿地系统：该尺度系统环境影响评价围绕规划设计阶段的增碳减排措施进行估算。荆贝贝、吴文颖等利用碳汇系数法探讨了城市绿地系统碳汇潜力；王迪生通过生物量法推算出北京市绿地的碳汇总量。

②城市绿地：该尺度环境影响评价以建造运营阶段为主，重点考虑区域内植物碳汇能力。赵敏等通过各类群落的单位面积年固碳量和面积来估算城市林地的碳汇总量；王伟武等利用遥感解译方法，借助多元线性回归与主成分分析方法分析了影响住区碳汇能力的可控影响指标对住区规划建设过程中碳汇能力的影响关系。

③植物群落：该尺度环境影响评价往往通过单位叶面积的净日固碳量以及单位面积上的植物总量，来计算单位面积绿地的固碳能力，进而核算整块绿地的碳汇量。这一尺度的评价可消除种植结构和植被绿量差异所导致的碳汇计算误差，可针对不同的植物群落配置类型、植物品种提出单位面积绿地的固碳量，准确计算绿地碳汇水平。

4）评价结果解析

在生命周期评价的分析阶段，包括重大问题的辨识、结果的解释、建议的提出以及报告的生成。在这一阶段，将碳足迹评估的结果与景观的规划、设计以及建造运营密切结合。通过整合景观规划的理论与方法，明确了评估结果对于指导景观规划和管理的重要性，旨在推动碳吸收的增加和碳排放的减少，进而实现可持续发展的目标。

（1）规划设计阶段

景观系统内部的相对稳定的元素联系、组织秩序和时空表现形式是景观规划的整体框架，这决定了景观系统的空间形态、功能表现以及景观的性质和分布。因此，规划设计阶段的核心在于从布局的角度阐释景观增汇减排的低碳功能，关键在于通过生态科学的景观布局，完善景观系统的自然生态，提高其增汇减排的能力。此外，只有将多尺度评价结果与多尺度评价目标范围相契合，才能准确地识别重大问题并优化策略。

①城市绿地系统

由于城乡用地复杂性的挑战，采用多目标导向的空间布局是提高景观碳汇效率的有效途径。其中，"三源绿地"模式结合了氧源、近源和碳源三种低碳布局，以优化碳增汇效果。氧源绿地位于城市中心周边，提供释氧固碳功能；碳源绿地位于城乡边缘，吸收碳排放；近源绿地分布于城乡建成区，形成点状-带状结构，规模随城市中心的变化而调整。通过这种布局，不仅可以削减碳排放，还可以提高碳汇效率。考虑到不同植被类型的碳吸收能力，可针对能源碳排放高的地区优先选择碳汇能力强的植被，以优化碳汇效率，减少区域碳排放对大气环境的影响。

②城市绿地

城市绿地的规划设计需要细致考虑景观斑块类型的功能划分，包括景观水体、植被和建筑物等要素。根据碳汇潜力预测，选择能最大化碳汇效益的方案。优先考虑乡土植物和高适应性物种，同时合理调整水域和绿地比例，如创建湿地和雨水花园，以减少碳排放并提升景观配置在城乡风貌中的贡献率。通过教育和志愿活动，加强公众对低碳生活和碳汇的认识，促进社区参与景观维护和减排活动。

③植物群落

注重植物群落和单个植株的性能提升与优化。优先选择具有显著碳汇能力的树种，并增加乡土植物比例。种植不同层次的植被，构建多样化的植物群落，以增加生态系统的多样性和稳定性，从而实现高效的碳吸存功能。通过综合考虑植物选择和配置，实现碳减排目标与生态保护、社会福祉的有机结合，推动景观的可持续发展。

（2）建造运营阶段

在解释建造和运营阶段的评价结果时，应在全面了解景观现状和生态环境的基础上，核实并整理所获取的资料，真实呈现景观建设水平和绿化状况，识别主要问题，并分析与景观建设发展相关的各方面条件的利弊。根据景观碳足迹的评价结果，对实施方案进行综合论证，并提出优化调整的建议。

与农林业相比，景观建造和运营阶段的碳排放通常处于中高水平。景观的长期养护和建造与运营工作，虽然确保了绿地与水体的生态效益，但也可能产生一定负面影响，包括持续性的资源和能源消耗以及污染物排放。

降低碳排放负担和运营成本是建设生态友好、低碳型景观的核心策略。构建低维护型景观，通过简化运维工作，减少对人力、物力和财力的需求，从而降低碳排放，实现资源的高效利用。此外，提高工作人员的环保意识，采用合理的灌溉方式，优先使用有机肥而非化肥，以及在防治病虫害时偏向无害化农药、生物农药或物理方法，都是构建低维护景观、促进景观增汇减排的有效策略。

<table>
<tr><td rowspan="2">**7.2**

低碳增汇景观生命周期评价特点</td></tr>
</table>

7.2.1 生命周期评价意义

1）全面性：克服了传统环境评价体系中目前存在的片面性和局部化的问题

生命周期评价成为景观实现可持续发展的全面支持和帮助。在景观中，为了实现生态效益，不仅需要在概念层面上有所突破，更需要采用一系列具体的技术、程序和管理策略来确保生态效益的切实落实。景观在实现碳中和的道路上，必须具备以下四个要素：降低植物材料与景观人造材料的消耗密度、降低运输运维过程中能源的消耗密度、增进景观人造材料的可回收性、将可再生资源的使用最大化。通过生命周期清单分析和影响分析，能够全面检测景观系统各阶段的物质、能量流状况，为绿地管理者提供实现上述四个要素的重要参数和方法。针对景观特定的准备、施工、维护行为，进行能源和原材料使用效率的计算，可以帮助识别出可提升和改进的领域。

2022年4月，中国首个全生命周期碳中和公园——昊天碳中和公园，在北京市房山区拱辰街道落地并向公众开放。公园建设依据全生命周期评价，充分结合拱辰实际情况，提出"施工零废弃物""运营零废弃物""利用可再生能源""用电光储直柔""消耗近零新水"五大低碳设计理念，减少从公园施工建设、运营维护中产生的碳排放量，并通过提高可再生能源生产量和公园碳汇的方式增加碳抵消量。这些举措预计能够减少公园全生命周期70%的碳排放量。

2）重视环境影响：帮助设计师和施工团队在选择材料与施工方式时更加注重环境因素

全生命周期的最佳化问题与传统最佳化模型近似，不同之处在于不仅考虑经济目标，还同时考虑环境目标，以环境影响值或环境负载表示。这使得原本的一维最佳化问题演变为多维最佳化问题，系统因此能够在满足环境和经济目标的同时实现最佳化。越来越多的研究开始将生命周期思想融入景观工艺设计、施工以及运营成本的最佳化过程中，从而建立了环境影响、经济效益以及具体景观工艺实践之间的链性关系。将全生命周期纳入系统最佳化过程包括三个主要步骤：首先是实施全生命周期评估；其次，基于全生命周期评估结果，将多目标最佳化问题以数学公式的形式表示；最后，通过对多目标最佳化问题的求解，寻找最佳解决方案。

3）系统性：为绿地管理者提供了一种有条理、有计划的方法来实现低碳景观的目标

生命周期评价因其涵盖产品系统整个生命周期的特性而对支持清洁生产具有显著优势，是实施清洁生产计划的有力工具。尤其在景观设计和建设领域，全生命周期评价的运用对于实现可持续发展目标至关重要。通过对景观设计、建设和维护的整个过程进行全生命周期评价，可从根源上减少资源消耗和环境污染。这种评价可以评估不同的设计方案、材料选择以及施工方法对环境的影响，从而制定更加环保、可持续的方案。此外，全生命周期评价还能够帮助景观设计师和企业确定在整个生命周期内减少环境影响的关键节点，并提供改进建议。这些举措为促进景观设计和建设领域的可持续发展提供了实质性支持，将有助于实现生态平衡、资源可持续利用以及环境友好型社会的构建。

4）开放性：可以评估相同环境行为在不同地域的影响程度，更全面地了解其潜在影响

通过对区域范围内景观工程进行宏观的生命周期评价，比较不同地区的效率，寻求在能源和资源消耗方面的最低水平，这不仅可以为环境政策协商提供必要的技术支持，还能通过分析不同情境下可能的替代政策对环境造成的影响，评估政策变动所带来的环境效益，从而找到最佳的政策方向。在环境政策与法规方面，许多发达国家已经运用生命周期评价制定了景观碳中和的实施方案。截至2023年，中国环境科学学会发布的《碳中和公园实施指南》T/CSES 116—2023正式实施，其中全生命周期管控成为碳中和实施方案制定中的重要组成部分。这一举措将有助于确保景观工程的可持续发展，同时也为中国在国际环境保护事务中发挥积极作用提供了坚实的基础。

5）定量化：全生命周期评价可以为授予"零碳公园"标签提供量化依据

"零碳公园"标签是公园的生态效益良好的象征，它表明公园不仅具备基本的生态系统文化服务功能，而且从植物材料、景观人造材料的选择到最终废弃物的处置的整个生命周期均符合特定的环境保护要求。"零碳公园"

标签引导设计需求方在进行设计方案比选时有目的地选择具有"零碳公园"标签、更生态、更环保的方案，从而提高社会范围的环境保护意识；另一方面，通过利好的政策导向，促使设计师在设计时积极采用清洁生产工艺，设计对环境低损伤的公园。"零碳公园"标签已经初步在中国试行。2023年12月27日，深圳市市场监督管理局发布了《零碳公园建设及运营规范》DB4403/T420—2023，其中主要内容的编制均依据《环境管理 生命周期评价 原则与框架》GB/T 24040—2008[8]。

7.2.2　发展前景与展望

提高城市绿地碳汇能力是我国低碳建设的关键途径。开展景观生命周期碳足迹研究，对应对城市碳排放问题，实现碳达峰和碳中和具有重要意义。基于对景观系统各阶段的碳汇、碳排情况研究，形成了全面的碳足迹评价体系，研发了完整的景观生命周期评价方法，确定了低碳景观的实施流程。

在当前的研究领域中，我们发现有的研究仅关注景观生命周期的特定阶段或环节，这使得我们难以获得关于整体碳排放的全面数据。特别是，隐性碳排放往往被忽视，而这些隐性排放却在实际环境中扮演着至关重要的角色。例如，在生产阶段，碳排放量占比最高，这主要源于原材料的获取和材料加工过程中大量使用化石能源。这种能源的消耗不仅直接影响到了碳排放量，还可能对生态系统造成长期的负面影响，如土壤质量下降、水资源污染等。因此，我们迫切需要更全面、系统性的研究，以深入了解碳排放在景观生命周期中的各个阶段所扮演的角色，并制定相应的应对策略，以实现可持续发展的目标。

当前研究表明，我国尚未建立起一套统一权威的碳排放因子数据库，这给评估碳排放水平带来了巨大挑战。缺乏完备的数据集不仅妨碍了对各行业和领域碳排放情况的准确评估，也阻碍了有效减排政策的制定和碳交易机制的实施。此外，关于植物碳汇因子的相关文献也相对匮乏，进一步增加了对碳排放和吸收情况的评估难度。同时，学界对景观材料碳排放因子选择原则和方法存在差异，使得无法确保所使用数据的准确性和一致性，这也可能导致研究结果的差异性。因此，建立全面、准确的碳排放因子数据库和植物碳汇因子数据库至关重要。只有这样，才能更好地监测和评估碳排放和吸收情况，为科学制定减排政策提供可靠的数据支持，推动我国碳减排工作的深入开展。

景观全生命周期的发展前景十分广阔。当前景观生命周期的核心任务是揭示景观全生命周期碳足迹影响机制，通过整合各个领域的研究成果，例如建筑景观园林工程碳排放评估、苗木生产碳排放评估，可以更全面地把握各个阶段的碳排放情况，为制定更有效的低碳策略提供更为可靠的数据支持，最终形成区域统一的碳汇、碳排因子数据库，为拟定相应规范筑牢基础。当前，已有研究者开发出G-footprint碳足迹估算小程序应用于景观生命周期碳足迹评估，预计随着研究深度的增加，会有更多精细化的研究方法和工具被开发出来，以更准确地评估和分析景观工程的碳排放情况，从而为实现低碳目标提供更为有效的支持。

未来，随着对景观生命周期碳足迹研究的深入，预计会涌现更多关于不同景观尺度、不同景观类型的景观全过程量化研究。以这些研究为基础，可以开发"规划设计-建造维护"全过程循证系统，建立低碳景观案例库，为普及景观生命周期监管系统奠定技术基础。景观生命周期碳足迹评估体系的普及，将带领景观行业在"双碳"领域进入崭新篇章。

思考题

1. 什么是全生命周期？景观全生命周期的含义是什么？
2. 什么是系统边界？景观全生命周期的系统边界是什么？

1. 邓南圣. 生命周期评价[M]. 北京：化学工业出版社，2003.

延伸阅读 参考文献

[1] JAMES F. Willthenext 10 years beas productive in advancing lifecycle approach esas the last 15 years?[J]. The International Journal of Life Cycle Assessment, 2006, 11(S1): 6–8.

[2] KEOLEIAN G A, BlanchardS. Life Cycle Energy, Costs, and Strategies for Improving a Single Family House[J]. Journal of Industrial Ecology, 2000, 4(2): 135–156.

[3] 于萍，陈效述，马禄义. 住宅建筑生命周期碳排放研究综述[J]. 建筑科学，2011，4：9–12，35.

[4] 张又升. 建筑物生命周期二氧化碳减量评估[D]. 台南：国立成功大学，2002.

[5] MICHAEL W. Strohbach and Eric Arnold and Dagmar Haase. The carbon footprint of urban green space—A life cycle approach[J]. Landscape and Urban Planning, 2011, 104(2): 220–229.

[6] 史帆，李晶莹，张穗穗，等. 生命周期评价在焦化领域中的应用及研究进展[J]. 延安：延安大学学报（自然科学版），2023，42（2）：1–7+15.

[7] 冀媛媛，罗杰威. 景观全生命周期日常使用和维护阶段碳排放影响因素研究[J]. 北京：风景园林，2016（9）：121–126.

[8] 邓南圣. 生命周期评价[M]. 北京：化学工业出版社，2003.